은둔의

즐거움

나를 성장시키는
혼자 웅크리는 시간의 힘

은둔의 즐거움

신기율 지음

웅진 지식하우스

내 안에는 나 혼자 살고 있는 고독의 장소가 있다.

그곳은 말라붙은 당신의 마음을 소생시키는 단 하나의 장소다.

― 펄 벅

거친 세상의 풍랑을 막아주는

장막 속으로

'마음찻집'은 따듯한 차를 마시며 이야기를 나누는 작은 상담소다. 그곳에서 나는 마음이 아픈 사람들의 상처를 위로해주는 마음치유 상담을 하고 있다. 상담을 하다 보면 자연스럽게 내 이야기를 할 때보다 상대방의 이야기를 들어야 할 때가 많아진다. 이야기를 잘 듣는다는 건 생각보다 어려운 일이다. 그가 전달하고자 하는 절실한 마음은 지그시 새어 나오는 그의 말이 아니라 담담한 비언어적 표현으로 드러날 때가 많기 때문이다. 그래서 '듣는다'는 표현 속에는 그의 무의식적인 몸짓과 눈빛, 감정의 떨림을 알아본다는 '통찰'의 의미가 나란히 담겨 있다.

얼마 전 마음찻집을 찾은 그녀 역시 말이 아닌 눈빛으로 더 많은 이야기를 하고 있었다. 사회생활을 하며 다듬어진 세련된 언어들은 자신의 상황을 차분히 설명하고 있었지만, 깊은 동굴처럼 공허한 눈빛은 말로는 담지 못할 마음의 고통을 호소하고 있었다. 그녀의 고통은 원하지 않는 이별에서 시작되었다. 누구나 그렇듯 이별은 내가 원하는 순간에 이루어지지 않는다.

돌이켜 보면 나에게는 어린 시절의 연애가 그랬다. 내가 준비되어 있으면 그녀가 준비되어 있지 않았고, 그녀가 준비되어 있으면 내가 준비되어 있지 않았다. 조금 더 나이가 들었을 때는 꿈이 그랬다. 이루고 싶은 꿈은 쉽게 나를 떠났고, 떠나고 싶은 현실은 지독히 나를 놓아주지 않았다. 그렇게 이별은 오랜 시간 상실의 동굴 속에 나를 밀어 넣곤 했다.

그녀의 눈에서도 그런 동굴의 어둠이 보였다. 그녀는 '일'과 원하지 않는 이별을 해야 했다. 이제 곧 마흔이 되는 그녀에게 유목민처럼 여기저기를 옮겨 다니며 이어온 커리어는 상처투성이의 훈장이기도 했다. 하지만 5년 동안 몸담았던 마지막 회사는 훈장의 가치를 알아보지 못하고 단 3개월의 시간만을 주며 그녀를 내보내버렸다. 어느 정도 예상은 했지만 원하지 않는 퇴직이었다.

주어진 3개월 동안 이직을 준비했으나 마흔이 되어가고

경력이 쌓이니 오히려 갈 곳이 마땅치 않았다. 쉽게 받아주기에는 부담스러운 나이와 연봉이 걸림돌이 되었다. 무엇보다 마지막 회사가 준 상처 탓인지 마음속 깊은 곳에서는 그동안처럼 더는 쫓기듯 내몰리는 삶을 살고 싶지 않다는 생각이 자리했다.

그렇게 퇴직과 함께 찾아온 휴식은 그녀의 삶에서 처음 맛보는 긴 공백의 시간을 만들었다. 그 시간 동안 그녀는 휴식과 새로운 도약에 대한 준비가 아니라 자신의 존재가 점점 사라져가는 불안에 휩싸였다. 그녀는 직장을 잃은 자신이 세상으로부터 고립되지 않을까, 사람들이 나를 이상하게 생각하지 않을까 걱정했다. 무엇을 해야 할지, 불안함으로 갈피를 잡지 못하는 그녀는 너무나 고독해 보였다.

상황의 차이는 있지만, 우리도 그녀처럼 원하지 않는 이별을 자주 경험하며 살아간다. 이별이라고 해서 사람과의 헤어짐만을 의미하지는 않는다. 스치듯 지나는 사람과의 헤어짐은 물론 지금 내 마음을 휘감고 있는 감정이나, 익숙한 상황과의 헤어짐도 모두 이별이라고 할 수 있다. 그리고 모든 이별은 필연적으로 상실로 인한 존재의 고독을 불러일으킨다.

마음치유 상담을 하면서 나는 고독에 대한 이야기를 자주 나누게 된다. 어떻게 하면 외롭지 않을 수 있을지, 수많은 이별 속에서도 고립되지 않고 고독하지 않게 살 수 있을지에 대해 사람들은 자신만의 답을 찾고 싶어 한다. 그런 이야기를 나눠야 할 때면 나는 가끔 '투명 망토' 이야기를 꺼내곤 한다.

"만약 쓰는 순간 사라질 수 있는 투명 망토가 있다면 무엇을 하고 싶으세요?"

장난스럽게 질문을 던지면 사람들은 상상의 나래를 펼치며 자신이 하고 싶은 것들에 대해 말하기 시작한다. 몰래 기차나 비행기를 타고 여행을 가고 싶다는 사람도 있고, 원한이 있는 사람을 찾아가 앙갚음을 하고 싶다는 사람도 있다. 타인의 시선으로부터 자유로워지는 순간, 그동안 채워지지 못한 욕망이 솟구쳐 오르고 그런 욕망은 대부분 일탈을 향한다. 돈이 있었다면, 힘이 있었다면 좀 더 자유롭게 하고 싶었던 것들은 투명 망토를 쓸 때 드러나는 나의 또 다른 모습이기도 하다.

"선생님은 투명 망토로 무얼 하고 싶으신데요?"

상대에게 건넨 질문이 내게 돌아오는 경우도 종종 있다. 만약 투명 망토를 쓰게 된다면 나는 무엇을 할까? 사실 망토를 써도 특별히 하고 싶은 게 없다. 이미 나는 주기적으로 나를 사라지게 하는 은밀한 시간을 보내고 있기 때문이다.

나는 이 특별하고 은밀한 시간을 '은둔'이라 부른다. 은둔은 나에게 투명 망토를 쓰는 것처럼 타인의 시선으로부터 자유로워질 수 있는 흥미롭고 재미있는 시간이다. 그 시간이 되면 나는 평소에 하지 못했던 나쁜 짓을 시도하는 부정의 일탈이 아니라, 나에게 집중하며 내가 하고 싶었던 일을 하는 몰입의 시간을 만끽한다. 이렇게 스스로에게 몰입하는 동안 잠시나마 세상으로부터 벗어나 나를 회복할 수 있는 힘을 충전한다.

투명 망토를 어디선가 저렴한 가격에 팔고 있다면 사고 싶지 않은 사람이 있을까. 누군가의 시선에서 벗어난 자유로움을 원하지 않는 사람이 있을까. 그런데도 그녀처럼 혼자 남겨진 시간을 두려워하는 것은 '혹시 망토를 벗지 못하면 어쩌지' 하는 두려움이 앞서기 때문이다. 투명 망토를 쓰기만 할 뿐 벗지 못한다면 나는 영원히 남의 눈에 보이지 않는 절대 고독 속에 살 수도 있기 때문이다.

하지만 그 망토는 내가 원한다면 언제든지 벗을 수 있는 나의 소유물일 뿐이다. 망토를 벗지 못하는 일 따위는 절대 일어나지 않는다. 고독 역시 마찬가지다. 투명 망토를 입고 벗는 것처럼 내가 그 감정의 주도권을 쥐고 있을 때 고독이 주는 외로움보다 고독이 주는 자유로움을 만끽할 수 있게 된다. 나는 그런 자유로운 고독의 시간이 바로 즐거운 은둔의 시간이라고 생각한다.

（

이 책에서 나는 고독을 두려워하거나 반대로 고독을 즐기고 싶은 사람들을 위한 다양한 은둔의 방법을 소개하고자 한다. 은둔은 그 시간을 어떻게 활용하느냐에 따라 때로는 불행을 건너는 다리가 되기도 하고, 삶의 역할을 바꿔주는 신비한 터널이나 나를 충전하고 위로해주는 안식처가 되기도 한다. 이때 느끼는 '혼자'라는 감정은 내가 점점 고립되어가는 외로움이 아니라, 삶의 좀 더 깊은 본질을 경험하게 하는 더 '좋은 고독'에 다가가게 한다. 좋은 고독은 내 삶의 면역을 키우는 가장 훌륭한 치료제이기도 하다.

지금도 힘들고 지칠 때면 나는 조용히 나만의 공간에서 지친 몸과 마음을 회복하는 시간을 갖는다. 그 시간의 안온함은 언제나 내 삶을 무너지지 않게 하는 단단한 장막이 되어준다. 내가 겪었던 은둔의 즐거움이 독자 여러분에게도 거친 세상의 풍랑을 막아주는 삶의 장막이 될 수 있기를 바라본다.

〈신기율의 마음찻집〉 주인장

신기율

4 나쁜 감정을 내보내는 마음의 출구

1

혼자 웅크리는
시간의 힘

더는 갈 곳이 없다고

느껴질 때

소설가 김훈은 자신의 서재를 '막장'이란 말로 표현했다. 막장은 광부가 파 내려간 갱도의 맨 끝을 말한다. 탄광의 가장 깊은 곳이기에 가장 위험한 곳이기도 하다. 그곳에는 언제나 30도가 넘는 뜨거운 열기와 숨쉬기 힘든 공기, 안심할 수 없는 위험이 도사리고 있다.

이런 위태로운 곳에서 광부가 할 수 있는 일은 두 가지다. 앞으로 더 나아갈 것인지 아니면 멈출 것인지를 결정하는 일이다. 만약 멈추기를 결정했다면 곡괭이를 내려놓고 내가 파놓은 길을 따라 지상으로 되돌아가면 된다. 하지만 더 깊은 곳으로 들어가고 싶다면 다시 곡괭이를 들고 단단한 벽을 파내기 시작해야 한다. 앞으로 얼마를 더 파내고 어떤 방향으로 팔 것인지를 생각하고 판단해야 한다.

그래서 막장에는 '더는 갈 곳이 없다'라는 숨 막히는 절망과 '이제 그만 멈춘다'라는 포기, 그리고 '갱도를 개척한다'라는 희망이 공존한다. 김훈이 자신의 서재를 막장이라 말한 것도 그곳이 절망과 포기와 희망을 선택할 수 있는 지적

교차로였기 때문일 것이다.

탄광의 갱도는 여러 사람이 함께 가야 하는 공동의 길이다. 하지만 탄광을 삶에 비유하면, 삶이라는 갱도는 오직 나 혼자만이 가야 하는 고독한 길이 된다. 그 외로운 길에서 내가 들 수 있는 곡괭이는 '지식'이다. 그런 의미에서 서재는 다양한 곡괭이가 모여 있는 창고이기도 하다. 책을 읽고 공부를 하고 다양한 지식을 쌓는다는 건, 그렇게 다양한 방식으로 삶의 막장을 뚫고 앞으로 나아가는 일이기도 할 것이다.

김훈에게 서재가 결연함이 감도는 막장이라면 나에게 서재는 세상에서 잠시 벗어나 숨을 돌릴 수 있는 '장막'이다. 장막은 노천에서 비바람을 막기 위해 둘러치는 막을 말한다. 나는 서재에 있을 때면 언제나 삶의 거친 비바람으로부터 보호받고 있다는 느낌을 받는다.

어린 시절 나를 지켜주던 장막은 만화방과 서점이었다. 아직 내 집, 내 방이라는 나만의 공간이 없던 시절, 사방이 책들로 가득했던 그곳 덕분에 나는 비바람에 젖지 않고 무사히 유년 시절을 지날 수 있었다.

어린 시절 나는 셀 수 없을 만큼 잦은 이사와 함께 학년이 바뀔 때마다 연례행사처럼 다른 학교로 전학을 가야 했다. 한곳에 정착할 수 없을 만큼 집안 형편이 어려웠기 때문이다. 아버지의 사업이 풀리지 않을 때마다 반복되는 도피성에 가까운 이사였기에 가까운 옆 동네가 아니라 서울과 부산, 광주, 창원으로 이어지는 낯선 곳으로의 전학이었다.

천성이 말이 없고 내성적이었던 나는 새로운 학교에 갈 때마다 또래 집단에서 고립되지 않으려고 최선을 다해 노력해야 했다. 하지만 이런 아슬아슬한 노력도 오래가지는 못했다. 초등학교 3학년이 되어 전학을 간 학교에서는 끝내 적응하지 못하고 학교를 뛰쳐나와 한 달 동안 무단결석을 하게 되었다. 가슴 아픈 점은 그 당시 내가 얼마나 존재감이 없었는지 한 달 동안 학교에 나가지 않았는데도 선생님이 나의 부재를 몰랐다는 것이다.

학교를 피해 도망친 곳은 구불구불 이어진 동네의 골목길이나 가파른 경사가 있는 계단이었다. 학교에 가지 않는다고 해서 특별히 하고 싶은 일이 있던 것도 아니었다. 낯선 골목길을 여행하듯 배회하거나 계단에 쭈그리고 앉아 사람들을 구경하며 시간을 보내는 게 전부였다. 그러다 점심시간이 되면 아무도 없는 집에 들어가 밥을 차려 먹고 저녁 늦게 부모님이 오실 때까지 혼자만의 시간을 보냈다.

지금 생각해보면 학교에 가는 것보다 골목길을 걸으며 강아지나 고양이에게 먹을 걸 던져주고 동네 풍경을 감상하는 게 더 속 편하고 재미있는 일이라고 생각했던 것 같다. 만약 이런 식의 일탈이 자주 반복되었다면 내 삶은 지금쯤 파국으로 끝나 있을지도 모른다. 하지만 다행히 고독한 일탈을 끝낼 수 있는 전환점을 늦지 않게 만날 수 있었다. 그 전환점은 나를 알아보고 다가와준 선생님과의 따뜻한 만남이나 친구의 운명적인 등장이 아니었다. 다름 아닌 그 당시만 해도 유해 공간으로 여겨졌던 '만화방'과의 만남이었다.

(

무단결석 중에 처음으로 경험한 만화방은 잠시도 눈을 뗄 수 없는 신기한 것들이 가득한 장소였다. 그렇게 많은 책을 본 건 그때가 처음이었다. 문을 열자마자 콧속으로 훅 들어오던 오래된 종이 냄새나 사방을 둘러싼 알록달록한 만화책 표지들이 지금도 생생하다. 만화방과 만난 첫날부터 나는 재미있는 그림과 흥미진진한 이야기에 빠져들었고 매일같이 만화방에 들러 만화책을 읽었다. 돈이 없는 날에는 책을 고르는 척 뒤적거리며 페이지를 훑어보았고 그것마저 여의치 않으면 표지 그림들을 구경하며 시간을 보냈다. 만화책 속에는 학교에서 친구들과 나누고 싶었던 다정한 이야기들과 행복한 장면들이 넘치게 그려져 있었다.

만화방이 주는 즐거움은 책뿐만이 아니었다. 만화방은 분명 여러 사람이 동시에 사용하는 공동 공간이었지만 자리에 앉아 책을 읽는 순간부터는 주위 사람들을 의식하지 않아도 되는 혼자만의 공간이 되었다. 나는 그 시절 집과 학교에서는 경험할 수 없던 공간의 안식을 만화방에서 느꼈던 것 같다. 만화방은 학교와 집 말고도 세상에는 다양한 안식처가 존재할 수 있음을 알게 해주었다. 언제라도 만화방의 문을 열고 들어가면 소음 가득한 세상을 벗어나 혼자여도 행복한

혼자 웅크리는
시간의 힘

세상으로 입장할 수 있었다. 그렇게 그곳은 학교가 주는 외로움으로부터 나를 보호해주는 장막, 바로 내 삶의 첫 번째 은둔의 공간이 되어주었다.

흥미로운 점은 만화방이라는 은둔의 공간이 생기고 나서부터 다시 학교를 나가게 되었고, 그 뒤로는 결석하는 일도 사라졌다는 것이다. 학교에서 나는 여전히 정서적으로 안착하지 못하고 방황하는 이방인이었지만, 그 시간이 끝나면 곧장 뛰쳐나갈 수 있는 즐거운 은둔처가 있다는 생각에 학교에서의 외로움은 작은 점으로 바뀌었다. 만화방이라는 확장된 세계의 크기만큼 학교는 작아 보였고, 그곳에서 느끼는 적막한 감정의 크기도 작아져갔다.

☾

그 이후로도 전학은 계속되었지만 동네마다 있던 만화방 덕분에 제법 괜찮은 시간을 보낼 수 있었다. 중학생이 되고 나서부터는 만화방이 아닌 서점을 가게 되었고, 만화책에 대한 애정은 자연스럽게 소설이나 시 같은 문학작품으로 이어졌다. 그림이 없는 글만으로 된 책은 문장에 대한 자유로운 이미지를 상상할 수 있게 해줘서 좋았다. 남이 그려놓은 그림이 아닌, 내가 만들어낸 상상을 통해 글을 형상화한다는 건 그것 자체로 재미있는 놀이이기도 했다. 잘 정돈된 서가에 꽂힌 수만 권의 책들, 그 앞에 서서 책장을 넘기며 내뿜는 사람들의 차분한 에너지와 고요한 소음 역시 내 마음을 안정시켜주었다.

이제는 더 이상 학교에 다니지 않아 전학할 일은 없지만, 요즘에도 가끔 무언가에 적응하기 힘들 때면 서점에 간다. 그러면 서점은 여지없이 나의 안락한 장막이 되어준다. 그 장막 속에서 천천히 서가를 돌며 마음에 드는 책을 고르고 인적 드문 귀퉁이에 앉아 책을 읽다 보면 어렸을 때처럼 '혼자이지만 외롭지 않은 충만함'을 느끼게 된다.

뚜렷한 목적을 가지고 읽는 책은 부담스러울 때가 많다. 하지만 휴식과 위안을 위해 읽는 책은 부담스럽지 않아 좋다. 시험을 치를 필요도 없고, 실천을 염두에 두지 않아도 되니, 책을 잘 읽어야 한다는 강박감이 들지도 않는다. 풍경을 감상하듯 아름답게 펼쳐진 언어를 즐기며 잔잔히 풍기는 문자 향만을 느끼면 된다.

오래도록 곁에 두고 싶은 책을 만나면 집으로 데리고 와서 마음이 힘든 날 꺼내 책장을 넘겨본다. 글 속에 점점 빠져들수록 번잡한 세상과도 멀어져간다. 가끔은 또 다른 세상으로 여행하는 것 같은 설레는 느낌이 들기도 한다. 자연과 함께 자란 아이들이 커서도 자연을 고향으로 생각하듯, 책과 함께 자란 나는 책을 만나면 그곳이 내 마음의 안식처가 되는 것이다.

너무 앞만 보고 달리다

넘어질 때

（

스물넷이 되던 해 가을이었다. 어렸을 때부터 작가가 되고 싶었던 나는 그동안 하던 일을 정리하고 문예창작과에 지원하기로 마음먹었다. 늦깎이 대학 신입생이 되기로 한 것이다. 꼭 대학에 들어가야 글을 쓸 수 있는 건 아니었지만 포기하지 않고 집중해서 글을 쓰기 위해 내겐 좀 더 강한 소속감이 필요했다. 문예창작과에 들어가려면 다른 예체능 학과처럼 별도의 작문시험을 치러야 했다. 오랜 시간 대입 공부와 담을 쌓은 나는 수능 시험보다 작문 시험에 더 자신이 있었다. 어린 학생들보다 경험과 사연이 많다는 점이 글을 쓸 때만큼은 장점이 되리라 생각했다.

시험 당일, 나는 시험 시간보다 1시간 정도 일찍 고사장에 도착했다. 한적한 분위기 속에서 차분히 마음을 가라앉히고 글 쓸 준비를 하고 싶었다. 그런데 일찍 도착한 고사장에서 나는 전혀 예상하지 못한 상황을 마주해야 했다. 비어 있어야 할 교실을 가득 메운 수험생들이 숨 막히는 고요함 속에서 시험을 치르고 있는 것이 아닌가.

혼자 웅크리는
시간의 힘

지금도 그때를 생각하면 다리에 힘이 풀리고 머릿속이 하얘진다. 시험 시간을 몇 번이나 확인한 나였다. 1시부터 시험이라고 적힌 수험표를 몇 날 며칠 책상 위에 두고 보고 또 보지 않았나. 하지만 떨리는 손으로 가방에서 다시 꺼내 본 수험표에는 오후 1시가 아닌 오전 10시가 시작 시간이라고 적혀 있었다. 어떻게 이런 말도 안 되는 실수를 할 수 있을까….

고개를 떨구고 우두커니 서 있던 나는 나의 시험 자격을 두고 감독관들이 실랑이를 벌이는 바람에 30분을 더 기다려 '2시간 30분 지각생'이라는 붉은색으로 사인한 원고지를 받아 들고서야 시험장에 들어갈 수 있었다. 시험 시간은 3시간, 남은 시간은 고작 30분이었다. 처음 보는 주제에 대한 에세이를 써 내려가기엔 턱없이 부족한 시간이었다. 이미 내 마음은 절망으로 가득 차 있었고 아무런 생각도 떠오르지 않았다. 결과는, 당연히 불합격이었다.

허무하게 시험을 마친 그날 나는 고사장이 있던 서대문구에서 집이 있던 사당동까지 걷고 또 걸었다. 나에게 화가 나 견딜 수가 없었다. 집에 거의 다다라 인적 없는 골목길에 들어섰을 때 하늘은 벌써 어두워져 있었고 골목길에는 불 켜진 가로등 하나 보이지 않았다. 만신창이가 된 몸과 마음을 이끌고 쓸쓸한 골목길을 걸으니 나 자신이 더욱 처량하게 느껴졌다. 그런데 그때 어두운 밤하늘 위로 크고 밝게 빛나는 무언가가 보였다. 유난히도 큰 보름달이었다.

차마 집에 들어갈 수 없었던 나는 달이 잘 보이는 그늘진 곳에 자리를 잡고 앉아 달이 사라져 보이지 않게 될 때까지 달빛 속에 웅크리고 있었다. 그러고 한참을 흐느껴 울었던 것 같다. 그날 달빛은 깊은 자책에 빠져 있던 나를 위로해주는 유일한 온기가 되어주었다. 달에게 아픈 마음을 치유해주는 힘이 있음을 나는 그날 처음으로 알게 되었다.

◖

그날 이후로 나는 저녁이면 밤하늘에 떠 있는 달을 자주 찾아보게 되었다. 날이 바뀔 때마다 달은 늘 다른 모습을 하고 있었다. 어제는 손톱만큼 가는 초승달이었다가 며칠이 지나면 보름달이 되고 그러다 어느새 다시 어두운 그믐달이 되었다. 조금씩 변하는 달의 모습은 그믐달이 다시 초승달이 되기 전 며칠 동안 완전히 어둠

혼자 웅크리는
시간의 힘

속으로 사라지는 '삭'에 이르러 절정에 달했다. 하늘에서 눈으로 볼 수 있는 모든 것 중에 자신의 모습을 이토록 다채롭게 변화하며 빛을 내는 존재는 달밖에 없었다.

하늘을 바라보는 날이 많아지니 궁금증도 커져 달에 관한 책도 여러 권 읽게 되었다. 고대 사람들은 이런 변화무쌍한 달을 관찰하며 달과 사람의 마음이 보이지 않는 끈으로 연결되어 있다고 생각했다. 그래서 달이 변할 때마다 사람의 마음도 함께 변한다고 믿었다. 풍성한 보름달이 뜨면 마음도 풍성해지고, 이제 막 태어난 새싹 같은 초승달이 뜨면 우리의 마음도 그렇게 여리고 새침해진다고. 특히 삭이 되어 달이 어둠 속으로 사라질 때가 되면 마음도 함께 어둠 속으로 사라진다고 생각했다.

어둠이라고 해서 삭을 부정적으로 생각한 것은 아니었다. 오히려 그 시간을 사라져가는 달이 새로운 달로 환생하기 위한 '준비의 시간'으로 여겼다. 그래서 삭의 시간이 되면 우리 마음도 그동안 쌓여왔던 아픔과 슬픔을 어둠 속에 비워버리고 새로운 마음으로 다시 태어날 준비를 하는 것이라고 생각했다.

고대인들의 이야기를 들으며 나는 생각했다. 만약 삭의 순간이 없다면 달은 이전의 상처와 아픔을 비우지 못한 채 불멸의 고통 속에 괴로워할지도 모른다. 그랬다면 내 아픈 마음을 달래고 다독여주는 따뜻한 달의 위로도 없을 것이다. 삭을 통해 다시 환생할 수 있기에 지금처럼 달은 아름다운 모습으로 존재할 수 있는 것이 아닐까. 그렇다면 달과 마찬가지로 사람들도 삭의 시간을 가지며 때 묻은 마음, 질투 어린 미움, 한때의 잘못으로 인한 부채감 같은 부정적인 마음을 비워내고 다시 시작할 수 있을 것이다.

　삭이 되면 그런 달의 속삭임이 들리는 듯하다. 밤하늘처럼 어두운 사회 속에서 매번 가면을 쓰며 다른 모습을 보여야 하는 당신의 마음 역시 지치고 힘들 때면 잠시 스스로를 사라지게 하는 시간을 가져야 한다고. 그런 환생의 시간을 가질 수 있을 때 지치지 않고 나만의 밝은 빛을 낼 수 있는 거라고.

　그렇게 비워낼 수 있는 사라짐의 순간이 있기에 달은 큰 혼돈 없이 한 달을 밝고 따뜻하게 살아갈 수 있는 것 같다. 나는 달의 속삭임을 들으며 내 삶에도 필요한 순간마다 '삭의 시간'을 마련해야겠다고 생각했다.

돌이켜 보면 황당한 실수를 했던 입시 시절, 나는 너무 쉬지 않고 앞만 보고 달렸던 것 같다. 지나치게 긴장하고 필요 이상의 고민과 걱정에 몰두했던 것 같다. 스물넷이라는 남들과 다른 출발선, 경제적인 압박과 응원해주는 사람 하나 없는 늦은 도전에 대한 부담감. 그런 무거운 감정들이 모여 내 눈을 멀게 하고 그래서 어이없는 실수를 하게 된 것이 아닐까. 절박한 초조함이 두꺼운 먹구름이 되어 내 마음을 어둡게 만든 것이다.

그 뒤로 나는 생각도 마음도 무리하게 욕심내지 않고 멈추는 삶을 살기 위해 애쓰게 되었다. 나도 모르는 실수를 하는 날이면 더 이상 나를 다그치지 않고 내가 너무 쉬지 않고 달려왔구나, 나를 위로하며 잠시 사라지는 삭의 시간을 갖게 되었다. 그런 시간이 존재했기에 나는 지금껏 넘어지지 않고 나만의 길을 걸어올 수 있었다. 삭의 시간은 달이 내게 선물해준 삶의 깨달음이었고 나는 그 소중한 시간을 '은둔'이라는 이름으로 부르게 되었다.

삭의 순간이 없었다면 어떨까.

달은 상처와 아픔을 그대로 간직한 채

불멸의 고통 속에 괴로워했을지 모른다.

상실의 감정 끝에

매달려 있을 때

은선 씨를 알게 된 건 작은 강의실에서였다. 나는 소규모로 운영되는 글쓰기 동호회의 요청으로 마음치유를 위한 글쓰기 수업을 진행하고 있었다. 수업을 하다 보면 원하지 않아도 어쩔 수 없이 자신들의 이야기를 꺼내놓아야 할 때가 있다. 살아온 삶의 모습을 가감 없이 드러내 보여야 어떻게 마음을 치유하고 성장시킬지 알 수 있기 때문이다. 그런데 삶을 다시 돌아봐야 한다는 게 말처럼 쉬운 일은 아니다. 상처가 많은 사람들에게는 나를 돌아본다는 것 자체가 아픈 기억과 마주하는 고통이 되기 때문이다. 수업에 참여하는 누구나 이런 순간을 무척 힘들어한다.

그녀도 그랬다. 얇은 유리 찻잔이 혹시 깨지지나 않을지 걱정하며 조심스럽게 옮기듯, 은선 씨도 지나온 과거를 천천히 꺼내놓았다. 5년 전, 그녀는 평범한 가정에서 무난하게 자란 스물여덟 살 직장인이었다. 몇 번의 도전 끝에 어렵게 들어간 직장에서 조금씩 실력을 인정받았고, 소탈하고 다정한 성격 덕분에 사람들과도 문제없이 잘 지냈다. 그러던 그녀에게 자신의 인생을 송두리째 바꿔놓는 사건이 일어났다. 그 사건은 아버지로부터 시작되었다.

평소에 말이 없고 무뚝뚝했던 아버지는 그녀에게만큼은 다정한 분이었다. 엄마와 다투거나 동생과 신경전을 벌이고 있으면 아버지는 언제나 그녀 편을 들어주었다. 입을 옷이 없어 속상해하고 있으면 어떻게 알았는지 몰래 그녀를 데리고 나가 마음에 꼭 드는 옷을 선물해주셨고, 대학에 입학했을 때는 가족 몰래 적금을 깨서 컴퓨터를 마련해주셨다. 신경이 예민해져 무턱대고 짜증을 낼 때도 아버지는 혼내는 대신 크고 마른 손으로 머리를 쓰다듬으며 그녀를 달래주었다. 은선 씨에게 아버지는 언제나 기대고 의지할 수 있는 든든한 언덕 같은 존재였다.

그랬던 아버지가 어느 날 주무시던 중에 갑자기 돌아가셨다. 평소에 당뇨 합병증과 간암을 앓고 계셨다는 걸 가족들은 사망진단서를 보고야 알게 되었다. 병원비가 많이 들까봐 가족에게 병을 숨긴 채 홀연히 세상을 떠나신 것이다. 준비 없이 맞이한 아버지의 죽음은 그녀에게 감당할 수 없는 충격과 아픔을 안겨주었다. 아버지를 홀로 외로이 투병하게 만들었다는 죄책감이 그녀를 짓눌렀고 아무것도 해드리지 못했다는 자책과 후회가 깊어갔다. 그리고 이제는 기댈 수 있는 언덕이 사라졌다는 상실감이 고독의 수렁 속으로 그녀를 끌고 들어갔다.

（

마음치유 상담을 하다 보면 그녀처럼 사랑하는 사람을 잃은 고통과 상실감에 힘들어하는 사람을 많이 만나게 된다. 사람은 누구나 사랑에 빠지는 순간부터 언젠가는 그 사랑을 잃어야 한다는 두려움을 동시에 짊어지게 된다. 사랑이라는 기쁨과 충만함을 얻는 대신에 치러야 할 대가처럼 운명이 내게 영수증을 내미는 것이다. 사랑하면 사랑할수록 지불해야 할 아픔은 커지지만 사랑의 단맛에 취해, 혹은 일상이 된 사랑에 익숙해져, 우리는 다가올 아픔에 관한 어떤 준비도 하지 못한 채 그날을 맞이하게 된다.

은선 씨도 그랬다. 아버지를 너무나 사랑했기에, 이별은 단 한 번도 생각해본 적이 없었다. 그것도 이렇게 빨리 갑자기 이별하게 될 줄은 정말 꿈에도 상상하지 못한 일이었다. 그녀처럼 이별의 준비가 되어 있지 않은 사람들은 갑자기 찾아온 상실감을 견대내기 위해 시간에 마음을 기댄다. 마치 때 묻은 손을 흐르는 물에 적시듯, 저절로 세월이 흘러가 아픔이 씻겨나가길 기다리는 것이다. 그녀 역시 방법이라고는 시간이 지나 상처가 회복되기를 기다리는 것뿐이었다.

슬픔이 사라지기까지 시간이 얼마나 걸릴지 그녀는 알지 못했지만, 어떻게든 슬픔을 참고 견디며 살아갈 힘을 내야 했다. 하지만 짙게 드리워진 상실의 감정은 그녀에게 어떤 것도 할 수 없는 무기력함만을 더해주었다. 자신의 마음과는 정반대로 밝고 활기차게 돌아가는 세상은 그녀를 더욱 고독하게 만들었다.

어떻게든 즐거움을 찾으려고 남자친구를 사귀고 취미를 가져보며 정신과 치료를 병행했지만 상황은 나아지지 않았다. 슬픔이 옅어지기도 전에 고독의 나락으로 떨어져 금방이라도 세상에서 사라질 것만 같았다. 그녀가 글쓰기 수업에서 나를 만난 것도 이런저런 방법으로 감정을 다스리려 한참을 발버둥 친 다음이었다.

"선생님, 더 이상 살아갈 자신이 없어요. 문득문득 슬픔이 차올라서 눈물이 왈칵 쏟아져요. 제 마음이 제 것이 아닌 것 같아요. 어떻게든 참아보려고 해도 말을 듣지 않아요. 사람들과 지낼 때는 티를 내지 않으려고 꾹꾹 참아보려고 하는데 이젠 그것도 잘 되질 않아요. 저, 앞으로 어떻게 살아야 할까요…"

한참 동안 그녀는 자신의 아픈 마음을 들려주었다. 상실의 사건이 일어나기 전까지 은선 씨는 밝고 명랑한 사람이었다. 그녀는 자신이 가진 힘을 모조리 쓰면서 갖가지 방법을 동원해서 시간을 버텨내고 있었다. 나지막이 이어가는 그녀의 말에 귀 기울이다 나는 더는 시간을 흘려보내지 말고 일단 모든 것을 잠시라도 멈춰보자고 제안했다. 지금까지 해왔던 노력이 고독을 외면하는 것이었다면 이제 오히려 고독 속으로 당당히 들어가보자는 것이었다.

은선 씨는 그동안 아무렇지도 않은 척 사람들 속에서 가면을 쓰고 밝고 활달한 역할을 연기해오고 있었다. 그러느라 오히려 따듯이 보듬어주고 위로해야 할 내면의 상처를 제대로 돌보지 못했다. 남자친구도 취미 생활도 바쁘고 분주한 일상도 그녀를 채워주지 못했다면, 섞일 수 없는 사람들에게서 벗어나 혼자만의 시간을 보내는 것이 해결책일 수 있었다. 그래야 내가 나에게 집중하며 무엇을 해야 하는지를 알 수 있게 될 테니까.

이런 방법은 이미 삶의 의지를 상실한 중증의 사람에게는 오히려 상황을 악화시키는 위험한 시도가 될 수도 있다. 하지만 은선 씨처럼 회복 의지를 가지고 새로운 돌파구를 찾으려는 사람에게는 좋은 방법이 될 수도 있다.

◖

상담으로부터 일주일 후 그녀는 내가 생각했던 것보다 훨씬 대담한 결정을 내렸다. 잠시 혼자만의 시간을 갖는 것이 아니라 일체의 사회활동을 정리하기로 한 것이다. 다니던 회사에는 사직서를 냈고, 형식적인 만남에 가까웠던 남자친구와도 헤어졌다. 가까운 지인들에게는 혼자만의 시간을 갖겠다는 솔직한 심정을 전달하며 양해를 구했다. 주변이 정리된 후부터 그녀는 긴 칩거에 들어갔고, 그렇게 1년간의 은둔이 시작되었다.

나는 그녀에게 사람에 기대지 않고 스스로에게 집중하며 보낼 수 있는 그녀만의 목표와 질서와 의지가 중요하다고 당부했다. 내 부탁 때문이었는지 그녀는 칩거 동안 어두운 방구석에 온종일 틀어박혀 무기력한 시간을 보내지는 않았다. 오히려 그녀의 일과는 회사에 다닐 때보다 더 규칙적이었다.

그녀는 하루의 시작을 집을 나서서 산책하는 일로 시작했다. 아침에 일어나면 편한 옷을 챙겨 입은 후 밥을 먹지 않고 집을 나섰다. 걸어서 집 근처에 있는 청계천을 지나 종로를 거쳐 남산으로 갔다. 왕복 6시간이 넘게 걸리는 길이었지만 하루도 빠지지 않고 걷고 또 걸었다. 가끔은 새벽에 일어나 동대문 새벽시장에 가기도 했다. 그곳에서 부지런히 옷을 나르는 지게꾼들을 보며 사라진 삶의 열정을 회상하곤 했다.

저녁 시간에는 책을 읽었고 글을 썼다. 글을 쓰는 동안 수없이 과거로 돌아가 아버지를 다시 만나며 대화를 나누었다. 대화를 반복할수록 그녀는 자신과 아버지를 좀 더 객관

적이고 차분하게 바라볼 수 있었다. 은선 씨는 자신이 정해
놓은 일상의 루틴을 매일같이 지키려고 노력했다. 그리고
사회라는 거대한 수레바퀴 속의 삶이 아니라, 자신이 만든
작은 바퀴를 굴릴 수 있는 삶의 기쁨을 찾기 위해 노력했다.

　나는 그녀와 가끔 안부를 물으며 연락을 지속했고, 1년의
세월이 지나 얼굴빛이 환해진 그녀와 다시 만날 수 있었다.

　"이제 다시 시작할 수 있을 것 같아요. 뭐랄까, 1년 동안
나를 돌보며 에너지를 응축한 기분이에요. 다시 일하고 싶
고 사람들도 만나고 싶어진 거 있죠? 어제오늘은 선생님 만
날 생각을 하니 설레더라고요. 그때 결단할 수 있게 도와주
셔서 얼마나 감사한지 몰라요."

　은둔의 기간 동안 쌓인 응축된 에너지는 다시 사회로 마
음을 돌리는 순간 용암이 터지듯 힘차게 은선 씨를 일으켜
세웠다. 그 힘으로 그녀는 다시 사회로 나갈 수 있었다. 물
론 한 번 자리 잡은 상실의 고독감이 완벽히 사라진 것은 아
니었다. 때때로 예전처럼 고독의 두려움이 밀려왔고 아버지
에게는 미안한 마음이 들었으며 무기력한 감정이 올라올 때
도 있었지만, 이제는 그런 감정을 가만히 지켜볼 만큼 자신

의 감정을 다룰 힘이 자라나 있었다.

나를 삶의 중심에 두고 나를 만족시키는 삶을 살다 보니 타인으로부터 자유로워진 만큼 성숙하고 깊은 마음이 생긴 것이다.

（

황량한 사막 같은 고독을 통과해온 그녀의 이야기는 사막에 살고 있는 전갈을 떠올리게 한다. 조그만 크기로 훨씬 더 큰 적들을 상대하는 전갈은 몸을 지탱해주는 뼈가 없다. 그 대신 자신을 보호해줄 단단한 껍질을 갑옷처럼 두르고 산다. 그런데 문제는 이 갑옷이 몸과 함께 커지지 않는다는 점이다. 그래서 껍질보다 몸이 커지면 전갈은 껍질을 버리는 탈피를 시작한다. 사람으로 치면 피부를 통째로 벗겨내는 것이다.

당연히 그 과정이 고통스럽고 위험할 수밖에 없다. 제대로 탈피하지 않으면 남아 있는 껍질이 몸에 박혀 죽을 수도 있다. 탈피한 뒤에 곧바로 새로운 껍질이 돋아나는 것도 아니다. 그래서 전갈은 탈피할 때가 되면 눈에 띄지 않는 으슥

한 바위틈이나 수풀 속에 자신을 숨기며 시간을 보낸다. 더 큰 모습으로 성장하기 위해 필연적인 고독의 시간을 갖는 것이다. 전갈은 이 힘든 과정을 완벽한 성체가 되기 전까지 적게는 네 번에서 많게는 아홉 번 반복해야 한다. 고통이 두렵고 힘들어도 포기하지 않고 자신의 몸에 맞는 옷을 계속 갈아입는 것이다.

나는 전갈의 탈피를 떠올리며 사람의 마음도 전갈처럼 뼈가 없는 단단한 껍질로 둘러싸여 있는 건 아닐까 생각한다. 뼈가 없기에 모든 걸 포용하듯 부드럽게 휘어지다가 어느 순간 튼튼한 갑옷으로 자신을 보호하며 바늘 하나 들어올 수 없는 단단한 바위처럼 돌변할 수 있는 게 아닐까 하는. 그렇다면 마음도 전갈의 탈피처럼 고통스러운 과정을 통해서만 성장할 수 있는 것인지도 모른다. 좀 더 나답게 살기 위해서는 아픔을 견뎌내는 고독한 인내의 과정을 거쳐야 하는 것이다.

마음이 성장하기 위해서는 우리도 마음의 탈피를 해야 한다. 그러기 위해서는 나를 지켜주던 익숙한 껍질과 이별해야 하는 용기가 필요하다. 그리고 이별을 상실이 아닌 성장으로 받아들일 수 있는 지혜가 있어야 한다. 만약 내가 지금 견디기 힘든 아픔을 겪고 있다면, 또는 제법 괜찮았던 일상이 어느 순간부터 견딜 수 없이 불편하고 답답하게 느껴진다면 이제는 껍질을 벗고 새로운 껍질을 만들어야 할 때가 온 것이라고 생각해야 한다. 그 순간이 오면 일상에 길들여진 마음을 내려놓고 새로운 마음의 껍질이 돋아나기를 기다려야 한다. 비록 그 과정이 아프고 고독할지라도 마음의 탈피가 끝나면 이전보다 훨씬 커진 마음으로 더 큰 세상을 담으며 아픔을 이겨내는 삶을 살게 될 것이다.

고독의 총량을

할부로 쓴다면

누구나 원치 않는 불행이 불시에 찾아올 때가 있다. 준비되지 않은 가족의 죽음, 불의의 사고, 예상하지 못한 실패와 이별과 배신, 뜻하지 않은 오해와 갈등… 불행은 남들은 절대 알 수 없는 깊은 절망과 고독의 수렁 속으로 우리를 밀어 넣는다. 영원히 계속될 것 같은 불행의 소용돌이 한복판에 있는 사람들은 피할 길 없이 지옥 같은 고통을 경험한다. 이 지긋지긋한 고통이 얼마나 더 내 삶을 무너뜨려야 멈출 것인지에 대해 수백 번, 수천 번 자신에게 묻고 또 물으며 이제 그만 절망이 멈추기를 매일같이 간절히 소원한다.

동양의 자연철학은 이런 절실한 질문에 대해 나름의 명쾌한 해답을 내놓는다. 모든 사람은 일생을 통해 운명적으로 채워야 할 불행과 고독의 양을 가지고 태어난다는 것이다. 고독의 양이 정해져 있다는 것은 만약 내가 지금까지 단 한 번도 고독한 삶을 살아보지 않았다면 언젠가는 내가 채워야 할 '절대 고독의 시간'을 갖게 된다는 것을 의미한다. 반대로 감당하기 힘든 고독 속에서 외롭게 살아왔다면 그 양이 채워지는 순간 더 이상 고독하지 않은 삶을 살아갈 수 있다는 말이기도 하다.

그렇다고 운명이 고독의 모든 것을 주관하고 좌우하는 것은 아니다. 운명은 내가 얼마큼의 고독을 겪어야 하는지 그 크기만을 말해줄 뿐이다. 운명이 던져준 고독을 어떻게 받아들이고 해석하며, 그 안에서 어떤 가치를 찾고 또 어떻게 고독을 채워나갈지에 대해서는 스스로 결정해나가야 한다.

앞서 나온 은선 씨는 자신이 채워야 할 상실의 고독을 은둔이라는 방식으로 채워나갔다. 만약 시간이 지나기만을 기다리며 억지로 일을 하고 사람들과 부대끼며 살았다면 훨씬 더 긴 시간 동안 고독의 그릇을 채워나가야 했을 것이다. 그 시간이 너무 길어져 고독이 일상이 된 고립된 삶을 살게 되었을지도 모른다. 하지만 그녀는 1년의 은둔이라는 멈춤의 시간이 있었기에 채워야 할 고독의 양을 단번에 채우고 다시 시작할 수 있었다.

많은 사람이 마음의 상처를 입었을 때 본질적인 대책 없이 자신을 방치해놓는다. 마음이 힘들다고 웅크리고 주저앉으면 약하게 보일까 봐, 감정 조절도 못 하는 별 볼 일 없는 사람으로 보일까 봐 자신의 마음을 꼭꼭 숨긴다. 하지만 그럴수록 내면의 상처를 치유하고 다시 방향을 설정할 수 있는 뚜렷한 시간을 가져야 한다. 남의 눈이 아닌 나의 눈으로 나를 살펴보는 치유의 시간을 가져야 하는 것이다.

이렇게 말하면 누군가는 무책임하다고 말할지도 모르겠다. 그렇게 쉬고 싶어도 책임져야 할 가족이 있고, 해야만 하는 일들이 쌓여 있는데 어떻게 그럴 수 있느냐고 말이다. 맞는 말이다. 우리는 늘 무거운 책임감에 발이 묶여 있고, 다양한 업무에 시달린다. 그렇다고 방법이 없는 것은 아니다. 상황이 그렇다면 내 상황에 맞는 다른 방법을 찾아내면 된다.

(

고독의 양을 채우는 방법은 생각보다 다양하다. 절망과 우울을 통해 채우기도 하고 현실을 회피한 채 약물이나 도박에 중독된 삶을 살며 고독의 양을 채우기도 한다. 하지만 그런 방법보다는 자발적인 은둔을 통해 고독의 시간을 보내는 것이 현명하다. 은둔을 통해 고독을 채운다는 것은 은선 씨가 그랬던 것처럼 사회적 가면을 써야 하는 무대에서 내려와 나를 위한 시간을 보내며 그 시간 속에서 휴식과 질서와 희망을 찾는 것을 말한다. 그 과정에서 찾아오는 고독함은 나를 힘들게 하는 부정의 감정이 아니라 오히려 나를 나로서 깨어 있게 하는 긍정의 감정이 된다.

　'자발적인 은둔'이 좋은 점은 시간과 공간을 내가 임의로 정할 수 있다는 것이다. '잠시 잠깐의 은둔'에서부터 '평생의 은둔'까지 자유롭게 시간을 정할 수 있고, 집에서부터 깊은 산속의 오두막까지 내가 원하는 장소를 선택할 수도 있다. 이런 식으로 누리는 은둔의 자유로움은 '고독의 그릇'을 채우기 위한 '고독 할부'를 가능하게 해준다. 고독 할부는 값비싼 물건을 수개월 동안 나눠서 결제하는 것처럼 짧은 시간을 반복해 고독의 양을 채워가는 것을 말한다.

　고독 할부를 위해 내가 자주 쓰는 카드는 낯선 곳에 가는 것이다. 나는 한 달에 한 번씩 시간을 정해두고 마음이 가는 대로 도시를 떠돌아다닌다. 방법은 간단하다. 운전을 하다가, 또는 마음에 드는 버스를 골라 타고 마음이 동하는 낯선 동네에 내린 다음 그 동네를 천천히 산책한다. 낯선 골목길을 한참 동안 목적 없이 걷다 보면 이방인이 된 듯 쓸쓸함이 몰려온다. 하지만 한편으로는 처음 보는 거리와 건물들을 마주하며 설레는 감정을 느끼기도 한다. 때로는 처음 맡아 보는 냄새가 후각을 자극하기도 하고 그곳에서만 들을 수 있는 독특한 소음이 들려오기도 한다. 그곳에 사는 사람들은 익숙해져 느껴지지 않는 것들이 나에게는 새롭게 다가오는 것이다.

그런 낯선 풍경이 몸에 닿으면 마음에서는 상상력이 발동하기 시작한다. 저 문은 왜 파란색으로 칠해졌는지, 지은 지 50년은 되어 보이는 낡은 건물에는 어떤 사연이 숨어 있을지, 꼬리에 꼬리를 무는 생각이 낯선 동네의 스토리를 만들어나간다. 그러다 보면 놀랍게도 전혀 새로운 각도의 생각이 떠오를 때가 많다. 마치 노란색과 파란색을 섞으면 초록색이라는 새로운 색이 나오듯이 외로움과 설렘이 만나면 신선한 시각이 생겨나는 것이다.

'그때는 이렇게 말하고 이렇게 썼어야 했는데, 내가 미처

혼자 웅크리는
시간의 힘

생각하지 못한 부분이 있었구나.' 순간의 작은 깨달음이 마음에 쌓여 있던 묵은 감정을 시원하게 쓸어내려준다. 낯선 곳에서 보낸 고독한 시간이 곧 마음을 밝혀주는 정화의 시간이 된 것이다.

☾

나처럼 한 달에 한 번이 아닌 매일같이 조금씩 자신의 그릇을 채우는 사람도 있다. 피아니스트 김선욱. 베토벤의 음악을 좋아해 유튜브에서 여러 음악가의 베토벤 연주를 시청하다 알게 된 음악가다. 그의 연주에는 자유로우면서도 본인만의 질서가 있고 깊은 울림이 있어서 좋았다.

특히 그가 연주하는 〈월광 소나타〉를 듣고 있으면 끝없이 펼쳐진 망망대해의 검푸른 파도 위에서 외롭게 출렁이는 달빛이 느껴졌다. 그의 연주에 관심을 두다가 인터뷰 기사도 찾아보게 되었는데, 그의 말 속에서도 연주에서 들을 수 있었던 고독의 달빛이 그대로 반짝이고 있었다.

어렸을 때부터 음악이라는 남다른 길에 들어섰던 그는 혼자서 악보를 구하러 다니고 공연장을 찾아다니며 공연을 관람해야 했다. 고등학교를 건너뛰고 곧바로 한국예술종합학교에 진학해서 음악을 공부했기에 또래들과 함께 평범한 생활을 경험할 수도 없었다. 하지만 외로웠을 자신의 유년 시절을 그는 오히려 매력적인 시간이었다고 회상한다.

"커다란 무대에 피아노 한 대, 그 막막한 고독이 마음을 끌어당겼어요. 단 한 명의 피아니스트가 그 공간을 장악하면서 텅 비어 있던 곳이, 어느 순간부터 따뜻해지는 게 그렇게 매력적일 수가 없었어요."

혼자 있는 동안 그는 음악 속에 은둔하며 자신을 성장시키는 의미 있는 시간을 보냈다. 만약 그가 평범한 유년 시절 속에 자신을 가두었더라면 혼자 있지 않았어도 혼자 있는 것 같은 관계의 고독에 빠졌을지도 모른다.

서른 중반이 된 김선욱은 지금도 음악계에서 노력파로 유명하다. 그의 성공 뒤에는 20년 넘게 이어지는 하루 3~4시간의 규칙적인 연습이 있었다. 피아노를 처음 시작했을 때부터 세계적인 피아니스트가 된 지금까지도 그는 연습실에서 하루에 3시간씩 혼자만의 연습을 하고 있다. 학창 시절이나 큰 무대를 앞두고 있다면 당연한 모습이지만 졸업 후에도, 연주가 없는 기간에도 매일같이 똑같은 강도와 시간을 들여 연습한다는 것은 대단한 근성이 아닐 수 없다. 그에게 피아노 연습은 밥을 먹고 화장실을 가는 것 같은 일상의 한 부분이 되어 있었다.

고독의 그릇을 알지 못하는 사람에게 그의 노력은 재능 있는 음악가의 끈기 있는 열정으로만 비춰질 수 있다. 하지만 고독의 그릇을 아는 사람에게는 자신이 타고난 고독의 양을 음악으로 즐겁게 채워나가는 은둔자의 모습으로 보인다.

그를 보고 있으면 고독의 운명을 어떻게 채워야 하는지, 하루의 일부를 할부로 내주어 고독을 채워나가는 게 어떤 것인지에 대한 답을 찾아주는 좋은 롤 모델을 보는 것 같다. 혹시 내가 지금 고독하지 않은 시간을 살고 있더라도, 혹은 불행한 고독 속에 지쳐가더라도, 일상의 한 조각을 은둔의 시간으로 내어준다면 내가 채워야 할 절대 고독의 양을 조금씩 채워갈 수 있는 것이다.

그렇게 고독을 잘 활용하는 사람 중에는 자신만의 인생을 멋지게 살아낸 사람들이 많다. 어쩌면 고독한 사람들의 운명 속에는 남들보다 훨씬 큰 고독의 그릇이 놓여 있을지도 모른다. 그 고독의 크기에 두려워하지 않고 오아시스 같은 은둔의 시간을 만들어 고독의 사막을 건너는 그들의 모습에서 우리는 생의 고난을 건널 수 있는 용기와 지혜를 얻는다.

그들이 그럴 수 있다는 건, 우리도 그렇게 할 수 있다는 뜻이기도 하다. 어느 날 운명이 우리에게 깊은 고독의 그림자를 드리우더라도, 그들이 그러했듯, 우리도 해낼 수 있는 것이다.

혼자 웅크리는
시간의 힘

인생의 겨울을 지날 때

잊지 말아야 할 것들

（

"아침에 일어나서 출근하려고 하면 숨이 막히고 식은땀이 흘러요. 이유 없이 자꾸 몸이 아프고 얼굴이 점점 못생겨지는 것 같기도 하고요."

얼핏 들으면 어딘가 큰 병에 걸린 사람의 이야기 같지만 실은 직장 스트레스로 힘들어하는 사람들에게 자주 듣게 되는 말이다. 바늘구멍보다 좁은 취업 문턱이 사회적 고민거리이지만, 힘들게 들어간 회사에 적응하지 못하거나 직장 내 인간관계 문제도 개인에게 큰 고민거리다.

내가 마음치유 상담을 하면서 가장 많이 접하는 사람들의 고민도 회사에서의 적응과 이직에 대한 것이다. 요즘 직장인들이 10년 동안 이직하는 횟수가 평균 4회라는 취업사이트의 통계만 봐도 그렇다. 단순히 계산하면 2.5년에 한 번씩은 회사를 옮기는 것이다. 좋은 이유로 이직하는 것이라면 문제가 없지만, 불행히도 회사 내 불편한 인간관계나 보장되지 않는 미래, 능력에 맞지 않는 처우에 견디지 못하고 뛰쳐나가듯 회사를 옮기는 경우가 대부분이다.

평생직장 개념이 사라진 요즘, 회사와 내가 맞지 않을 때 퇴직이나 이직을 하는 것은 나를 위한 최선의 선택이기도 하다. 하지만 언제나 그런 판단이 옳은 것만은 아니다. 아무리 힘들어도 회사를 끝까지 다니며 버텨야 할 때도 있다. 바로 인생의 겨울을 지나고 있을 때가 그렇다.

사람의 삶에도 계절의 순환처럼 봄, 여름, 가을, 겨울의 주기가 존재한다. 그 주기에 맞춰 봄처럼 시작해야 할 때가 있고, 여름처럼 번성하는 때가 있으며, 가을처럼 거둬들이고, 겨울처럼 움츠려야 할 때가 있다. 우리는 모두 각자의 삶 속에 자신만의 계절을 가지고 살고 있다. 인생의 계절 중에서 겨울은 가장 혹독한 불행이 찾아오는 시기이다. 차가운 겨울바람이 세상을 얼어붙게 하듯 이때가 되면 내 삶도 차갑게 얼어붙으며 생명력을 잃어간다.

내가 지금 인생의 겨울을 나고 있는지를 알려면 나를 힘들게 하는 특별한 사건이 아니라 내 삶의 전체적인 모습을 볼 수 있어야 한다. 회사에서 힘들고 어려운 일이 있더라도 회사를 나서면 나를 위한 따듯한 위로나 유쾌한 여흥을 쉽게 즐길 수 있다면 그건 그냥 회사에 문제가 있는 것이지 인생에 겨울이 찾아온 것은 아니다. 하지만 회사에 문제가 있는 만큼 가족 간에 불화가 생기고, 지인들과 다툼이 잦아지는 등 다른 일상에서도 동시에 문제가 생기고 있다면, 지금 겨울을 지나고 있다고 생각하면 된다.

인생의 겨울을 맞이하면 예상하지 못한 사건들 속에서 마음도 갈피를 못 잡고 자주 길을 잃는다. 나도 모르게 무리한 투자를 하기도 하고 근거 없는 풍문에 귀가 열리기도 한다. 판단력이 흐려지다 보니 나를 괴롭히는 상사나 동료를 피해 이직한 곳에서 그보다 더한 사람을 만나기도 하고, 능력을 인정받아 간 곳에서는 인정 대신 시기와 질투를 받으며 이전보다 더 큰 마음의 상처를 받기도 한다.

(

마음먹은 대로 되는 일이 없는 인생의 겨울이 찾아온 사람들은 계절에 순응하기보다 오히려 좋았을 때를 생각하며 움츠러드는 자신을 인정하지 않으려고 하는 경우가 많다. 하던 일이 어려워지면 성급히 다른 일을 찾아 오히려 평소보다 더 크게 일을 벌이며 자신의 건

재함을 과시하기도 한다.

이런 흐름이 보이는 사람과 상담할 때는 무언가 새로운 것을 시도하기보다는 잠시 숨을 고르며 멈추는 시간을 갖는 게 좋겠다고 조언해드린다. 인생의 겨울이 왔을 때는 그 자리에 머물며 '은둔의 처세'를 취하는 것이 최선일 때가 많기 때문이다.

은둔의 처세란 내가 언제 멈추고 나가야 할지 그 '때'를 아는 것이며, 사람들과 얼마나 거리를 둬야 하는지 '거리'를 아는 것이다. 정치권에서 자주 쓰는 잠룡(潛龍)이라는 말은 은둔의 처세를 집약해서 표현한 말이다. 물속에 잠긴 용이라는 뜻의 잠룡은 하늘을 날아오르는 용이 되기 위해서는 물밑에서 자신을 감추고 힘을 키워야 하는 시기가 필요하다는 의미로 쓰인다. 때를 기다리지 않고 함부로 나섰다가는 제대로 비상하기도 전에 모함과 시기라는 예상하지 못한 불행에 빠질 수 있다. 잠룡의 시기를 견뎌내지 못하면 결코 승천하는 용이 될 수 없다.

은둔의 처세는 내가 잘하고 즐거워하는 것을 통해 은둔하는 소은(小隱), 또 다른 기회를 기다리며 위기를 인내하는 중은(中隱), 그리고 불행을 통해 삶의 성찰을 이루는 대은(大隱)으로 크게 구분해 설명할 수 있다.

'소은'이라 함은 소소한 즐거움을 누리는 '작은 은둔'을 뜻한다. 내가 할 수 있는 일에 최선을 다하면서 다른 한편으로는 나를 쉬게 할 수 있는 여유로운 시간을 갖는 것이다. 위급한 환자가 긴급 수혈을 받으며 생명을 유지하듯, 힘든 일이 있을 때마다 나를 위로하고 치유하는 시간을 보내며 힘든 순간을 버티는 것이다.

그런 치유의 시간을 만들기 위해서는 내가 평소에 잘하고 좋아하던 것들을 적극 활용할 필요가 있다. 내가 먹는 걸 좋아한다면 집에서 나를 위한 요리를 하고 플레이팅을 예쁘게 하며 음식을 즐긴다. 평소에 찾아놓은 맛집을 찾아다니며 나만의 여정을 즐기는 것도 좋은 방법이다.

여행이 나의 가장 편한 휴식이었다면 짧게라도 차박이나 캠핑을 다녀오거나 도심의 호텔에서 하루를 휴양하는 호캉스를 보내는 것도 괜찮은 방법이다. 매일같이 이런 시간을 가질 수 있다면 가장 좋겠지만 여의치 않다면 일주일에 한 번이라도 나를 충전하는 시간을 적극적으로 내 삶에 배치하

혼자 웅크리는
시간의 힘

는 것이다.

은둔이라고 해서 꼭 혼자를 고집할 필요는 없다. 나를 즐겁게 해줄 사람과 함께라도 힘든 상황으로부터 분리되어 쉴 수 있는 곳이라면 그곳이 어디든 나의 안식처가 될 수 있다.

이때 한 가지 주의해야 할 점이 있다. 내가 쉴 수 있는 편안한 곳을 찾으라는 것이 진탕 술을 마시거나 방문을 걸어 잠그고 게임을 하라는 말은 아니다. 침대에서 뒹굴며 온종일 휴대전화를 보거나 드라마와 영화에 빠지는 것은 잠시 위안이 될 수 있을지 몰라도 충만한 휴식을 주지는 못한다. 오히려 그런 휴식은 고단한 현실을 피해 침대 속에 나를 방치하는 심각한 고립감으로 이어질 수 있다.

힘들게 일한 뒤에 하루 정도의 고립은 괜찮지 않느냐고 반문할 수 있지만, 자발적 고립은 마약처럼 묘한 중독성이 있다. 그래서 한두 번의 달콤한 고립 경험이 단 몇 번만으로 끝나는 경우는 없다. 몸이 늘어지는 무기력한 순간이 자유롭고 편안한 기분으로 인식되는 순간 내 몸과 마음은 손쉽게 얻을 수 있는 고립의 안락함을 끊임없이 원하게 된다. 그렇게 반복된 고립은 결국 나를 위축시키고 주위와의 관계를 단절시키며 더한 고립으로 나를 내몰아간다.

은둔과 고립을 어떻게 구분할 수 있을까? 은둔과 고립의 확실한 차이는 다음 날 느끼는 불안함에 있다. 은둔을 하고 난 다음 회사에 출근할 때는 그래도 다시 해볼 만하다는 긍정적인 의욕이 생긴다. 머리는 명료해지고 마음은 따뜻해지며 몸은 가벼워진다. 충분한 충전을 통해 몸과 마음의 탄력성이 회복된 것이다. 하지만 어제의 휴식이 나를 고립시킨 것이었다면 회사에 가야 한다는 생각만으로도 괴롭고 불안해진다. 머리는 무겁고 마음은 어두워지며 몸은 물에 젖은 듯 찌뿌둥하다. 고립이 마음의 면역을 약화시켰기 때문이다.

언제나 무기력한 고립에 이르지 않도록 주의해야 한다. 그러기 위해서는 짧은 휴식에도 내가 지금 무엇을 해야 하고 그것을 통해 어떤 상태에 이르게 될지를 알고 있어야 한다. 명확한 목적과 이유가 있을 때 휴식은 나를 위한 은둔의 시간이 될 수 있다.

다음으로 '중은'은 또 다른 기회를 만들기 위한 생업 중의 은둔을 말한다. 현실을 위한 생업을 이어가면서 한편으로는 또 다른 미래를 맞이할 능력을 키워가는 시간을 보내는 것이다. 만약 누군가 하루하루 고비를 넘기며 자신의 자리를 지키면서도 한편으로는 미래의 꿈을 위해 켜켜이 쌓여가는 노력을 하고 있다면 이미 중은의 시간을 활용하고 있다고 생각하면 된다.

중은을 떠올리면 고가의 명품 브랜드 샤넬의 창업자로 알려진 가브리엘 샤넬이 떠오른다. 샤넬은 혹독한 인생의 겨울 속에서 유년 시절을 보내야 했다. 그녀가 열두 살 때 어머니는 결핵으로 돌아가시고 무능한 아버지는 그녀를 프랑스 중부에 있는 오바진 수녀원에 맡기고 떠나버렸다. 열여덟 살이 되어 보육원을 나온 그녀는 의상실에서 재봉 일을 도우며 저녁에는 술집에서 노래를 불러 생계를 유지했다. 힘든 시절을 보내면서도 그녀는 수녀원에서 배운 재봉을 하며 디자인을 공부하는 일을 게을리하지 않았다. 어디에서 무엇을 하든 시간을 내어 자신이 보고 느낀 것을 재봉틀에 앉아 모자로, 옷으로 만들었다.

훗날 그녀는 자신의 재능을 알아본 첫사랑 아서 카펠의 도움으로 '샤넬모드'라는 모자 상점을 내며 디자인계에 첫발을 내딛게 된다. 그리고 이때부터 길고 길었던 그녀의 겨울은 끝이 나고 찬란한 봄이 시작되었다. 그녀가 만약 수녀원의 엄격한 규율을 견디지 못하고 그곳을 뛰쳐나왔다면, 술집에서 노래 부르는 자신을 견디지 못하고 다른 직업을 찾았다면, 그녀는 자신의 인생을 바꿔줄 재봉도, 아서 카펠도 만나지 못했을 것이다. 그랬다면 지금의 샤넬은 세상에 존재하지 않았을 것이다.

힘들고 어려운 시절 속에서 끝까지 자신의 자리를 지키며 재봉과 디자인을 손에서 놓지 않았기에 그녀는 다른 인생을 열어줄 기회를 만날 수 있었다. 차가운 겨울을 건너기 위해서는 우리에게도 샤넬의 바느질 같은 시간이 필요하다.

나를 힘들게 하는 생업의 울타리 안에 있으면서도 나만의 시간을 만들어 끝까지 놓지 않고 이어갈 수 있는 나를 위한 공부를 해야 한다. 그 시간은 간절한 기도로 새벽을 열며 일주일에 한 권씩 책을 완독하는 배움이 될 수도 있고, 주말이면 자격증을 따기 위해 학원으로 향하는 고단한 성장의 발걸음이 될 수도 있다. 아무도 알아봐주지 않더라도 봄이 오면 꽃피울 수 있는 씨앗을 가슴에 꼭 품어야 하는 것이다. 그러다 보면 내가 겪은 삶의 위기가 위대한 기회로 바뀌는 마법 같은 필연의 봄이 분명 나를 찾아올 것이다.

☾

마지막 방법인 '대은'은 겨울의 추위를 피하지 않고 온전히 받아들이며 내가 바라는 원대한 뜻을 이루는 '깊은 은둔'의 삶을 말한다. 불가에서는 이를 '입전수수(入廛垂手)'라는 말로 표현하기도 한다. 입전수수란 가게에 들어와 손을 내민다는 뜻이다. 자세히 풀이하자면, 가게로 상징되는 속세에 들어와 사람들과 함께 춤추고 노래 부르며 어울린다는 의미다. 언뜻 경건해야 할 불자의 모습과는 상반되는 것 같지만, 입전수수의 마음에는 수행자가 사람들의 일상으로 들어갈 때 진정으로 그들에게 다가갈 수 있다는 '활인(活人)'의 뜻이 담겨 있다. 대신 수행자는 사람들과 함께 뒤섞이면서도 자신의 맑은 마음, 이루고자 하는 뜻이 흔들리지 않는 경지를 체득하고 있어야 한다.

대은의 경지에 있었던 사람을 떠올리면 얼마 전에 작고하신 이태석 신부가 생각난다. 사제이면서 의사였던 그는 남수단의 오지 마을에서 청춘을 바쳐 신앙과 교육과 의술을 펼쳤다. 하루에 수백 명의 환자를 치료하고 어린아이들에게 초등교육을 가르치면서 이 모든 것을 자신이 당연히 해야 할 소명으로 여겼다. 그곳에서 그는 흔들리지 않는 신앙으로 사람들과 어울리며 이태석만이 할 수 있는 이태석의 삶을 살았다.

그가 가진 이력을 가지고 돈과 명예를 추구하는 삶을 살 수도 있었을 것이다. 힘들면 얼마든지 그만둬도 되었고, 자신의 봉사 이력을 출세를 위한 교두보로 이용할 수도 있었다. 하지만 그는 그 길을 택하지 않았다. 그런 삶 대신 인생의 혹독한 겨울을 보내는 사람들과 어울리며 그들과 함께하는 삶을 선택했다. 스스로 가장 가치 있는 삶이라 생각했던 베푸는 삶을 흔들리지 않고 살아낸 것이다.

그래서 대은의 삶은 희생과 헌신의 삶이기도 하다. 세상으로부터 거리를 두는 것이 아니라 내가 마땅히 누릴 수 있는 삶의 안락함으로부터 거리를 두고 고단한 '세상 속에서' 은둔하는 것이다. 전혀 다른 차원의 삶을 만들어내는 대은의 삶은 불행을 건너 안락한 삶의 양지로 가는 것을 목표로 하지 않는다. 그 대신 불행을 껴안으며 더 높은 삶의 성찰에 이르게 하는 가장 숭고한 삶을 살게 한다.

마음이 힘들고 지칠 때면 시야가 좁아져 주위를 둘러보지 못한다. 오직 나만을 보게 되고 나를 중심으로 생각하게 된다. 그렇게 나에게 집중할수록 세상에서 내가 가장 불행한 것 같고, 가장 아프게 살고 있다는 생각이 든다. 이런 생각이 들수록 주위로 시선을 돌려 조금 더 넓은 시야로 세상을 바라봐야 한다. 그곳에는 나처럼 힘든 겨울을 나고 있는 수많은 사람이 있고, 나보다 더한 절망 속에 흐느끼는 사람도 있을 것이다. 그들을 외면하지 않고 도와주는 선행의 시간을 가질 때 오히려 나의 고통을 조금 더 담담히 바라볼 수 있는 마음의 깊이가 생길 수 있다. 그리고 그런 깊은 마음은 불행에도 흔들리지 않을 수 있는 삶의 단단한 뿌리가 되어 준다.

어렵고 힘든 삶 속에서도 우리는 '소은'의 여유를 즐기고,

'중은'의 노력 속에 희망을 간직할 수 있어야 한다. 그리고 '대은'의 성찰을 실천할 수 있는 깊은 마음을 지녀야 한다. 그럴 수 있을 때 불행의 파고로 출렁이는 인생의 겨울을 무사히 건너게 될 것이다.

혼자 웅크리는
시간의 힘

불현듯 찾아오는

불행을 피하는 지혜

땀 흘려 번 돈만이 가장 가치 있다고 생각하던 사람들조차도 요즘에는 부동산이나 주식 재테크에 열을 올리고 있다. 지금의 일이나 월급만으로는 안전한 노후를 보장할 수 없는 불안한 시대 탓이 크다. 내가 아프고 무능력해질 때를 기다려 성큼성큼 다가올 삶의 불행을 어떻게 대비해야 하는지가 어느덧 모두가 공들여 풀어야 할 인생의 숙제가 되고 있다.

나 역시 불확실한 미래에 대한 불안감에 재테크 수단으로 주식 투자를 진지하게 고민해본 적이 있다. 마침 종합주가지수는 1천에서 2천 사이를 정신없이 오르내리던 시기였다. 그때 내가 눈여겨보던 회사는 두산중공업이었다. 한참 원자력과 대체 에너지 붐이 일어나고 있었고, 두산 또한 코카콜라 같은 소비재 산업에서 '밥캣' 같은 중장비회사를 인수해 중공업 회사로의 변신을 꾀하고 있었다. 경제에 큰 관심이 있었던 건 아니지만 나도 늦기 전에 투자를 해보고 싶었다.

그런데 투자를 하려고 마음먹은 날 우연히 서재에 꽂혀 있던 《주역》 책이 눈에 띄었고, 꺼내어 펼친 부분이 은둔에 대해 설명한 부분이었다. 요약하자면 함부로 나서지 말고 한발 물러서 자중하며 흐름을 지켜보라는 내용이었다.

　'하필이면 왜 오늘 이런 내용을 읽게 된 걸까?'

　잠시 망설이던 나는 나에게 찾아온 우연을 의미 없이 흘려보내지 않고 꼭 붙잡기로 했다. 틀림없이 오늘 내가 이런 내용을 읽은 데에는 이유가 있을 거라고 생각했다. 나는 투자를 미루고 그날 하루 내가 왜 이 회사 주식을 사려고 하는지에 대해 내 의식의 흐름을 곰곰이 되짚어보았다. 이유는 단순했다. 중공업에 대한 지식이나 나만의 비전이 있어서가 아니었다. 단순히 분위기에 취한 탓이었다. 대충 찾아본 신문기사의 장밋빛 전망과 주가가 며칠 새 계속 오르고 있다는 사실이 판단의 빈약한 근거였다.

　투자를 망설이는 동안 나는 다시 《주역》을 꺼내 은둔에 대한 내용을 몇 번이고 반복해서 읽었다. 그리고 그 시간 동안 천천히 나를 되돌아보면서 내가 얼마나 경솔하게 판단하려고 했는지를 깨닫게 되었다. 옷 한 벌 사면서도 소재나

A/S, 사용 후기를 며칠씩 꼼꼼히 살피는데, 큰돈이 들어가는 투자에서는 정작 너무 안일하게 생각했다는 부끄러움이 들었다.

그 뒤로 나는 투자를 미루고 경제를 공부하기 시작했다. 그러면서 원전 산업과 대체 에너지 산업에 대한 다양한 의견과 전망을 좀 더 깊이 알 수 있었다. 그렇게 수개월이 지났을 때 예상하지 못한 큰 사건이 일어났다. 일본에 지진과 해일이 덮쳐 후쿠시마 원자로가 파손되었고 방사능이 유출되는 사고가 일어난 것이다. 그 여파로 전 세계적으로 원전 반대 운동이 일어났고 유럽 선진국들이 원전 폐쇄와 대체 에너지 개발을 국가정책으로 내세우기 시작했다.

당연히 원전 건설을 주력으로 하던 두산중공업은 고스란히 피해를 입었고 한 주에 7만 원이던 주식은 그 이후로 1년 만에 반 토막이 났다가 지금은 1만 원대를 오가고 있다. 멋모르고 투자를 했더라면 큰 손해를 입었을 것이다. 다행히 나서지 않고 관망했기에 나는 예측하지 못했던 불운을 피할 수 있었다.

주위에서 재테크를 통해 큰돈을 벌었다는 사람들의 이야기를 들을 때면 상대적인 열등감이 들며 마음이 조급해진다. 하지만 이럴 때일수록 마음을 다잡고 욕망에 이끌려 무리하게 투자해서는 안 된다. 오히려 한발 물러서 상황을 관망하며 흐름을 지켜볼 수 있는 여유를 가져야 한다. 그런 여유가 있을 때 좀 더 넓은 시야로 세상의 흐름을 바라보며 쫓기지 않는 가치 투자를 할 수 있다.

우리는 신이 아니기에 내가 지금 어떤 때를 살고 있는지 정확히 알지 못한다. 아는 것이라곤 봄, 여름, 가을, 겨울의 사계절 정도가 전부다. 더워지기 전에 에어컨을 정비하고 추워지기 전에 보일러를 점검하는 게 때를 맞이하는 준비의 전부일지도 모른다. 하지만 어떻게 그런 계절의 순환만이 우리의 삶 속에 영향을 미치겠는가. 보이지 않는 사건이, 알 수 없는 사람들과의 관계가 틀림없이 우리 삶에 영향을 미치려고 먼 곳에서 달려오고 있을 것이다.

이런 알 수 없는 미래에 대비해 우리가 할 수 있는 최대의 처신은 함부로 행동하지 않고 위험을 느낄 때마다 잠시 은둔하는 것이다. 그 시간 동안 내가 부족한 부분을 잘하기 위해 연습하고 훈련하는 시간을 가져야 한다. 그러다 보면 훨씬 더 지혜로운 모습으로 다가올 불행을 무사히 지날 수 있을 것이다.

2

일상을 숨 쉬듯
가볍게 만드는 기술

10분 스위치를 켜서

좋아하는 나로 살다

4년 전 크리스마스이브 때 일이다. 크리스마스를 기념하기 위해 우리 가족은 대형 쇼핑몰을 찾았다. 예매해둔 가족영화를 보고 아이들에게 줄 크리스마스 선물을 고른 뒤에 저녁밥을 먹으러 식당에 들렀다. 음식을 주문하고 잠시 주위를 둘러보는데 맞은편 자리에 앉아서 식사를 하는 엄마와 아이가 보였다.

두 모녀를 보니 어제 상담을 나누었던 미혼 한부모 엄마의 얼굴이 떠오르며 그녀가 아이와 단둘이 쓸쓸하게 지내고 있지는 않을지 걱정이 되었다. 한부모 엄마들을 상담하기 시작한 후로는 엄마와 아이 둘만 있는 모습을 보면 나도 모르게 기분이 가라앉고 애잔한 생각이 들었다. 그날 나는 줄곧 기분이 울적해져 아이들과 즐겁게 놀아줄 수가 없었다.

내 역할에 지나치게 몰입한 나머지 그 여운이 유독 가시지 않는 날이 있다. 나에게는 그런 날이 상담을 진행하고 온 날이었다. 대략 한 번에 네 시간 이상 쉬지 않고 진행되는 마음치유 상담은 아픈 마음을 보듬으며 진솔한 위로를 주고

받는 따듯한 시간이기도 하다. 그런데 어떤 날은 듣고 잊어버리기에는 사연이 너무나 가슴 아플 때가 있다. 이야기를 듣다 보면, 도대체 어떻게 그런 일이 일어날 수 있는지, 그런 아픔을 어쩌면 그렇게 잘 버티며 살아왔는지 안일하게 살아온 내가 부끄러워져 얼굴을 들지 못할 때도 있다.

그런 날은 상담에서 했던 말과 들었던 이야기, 그때의 감정과 표정으로 종일 마음이 무거워진다. 그리고 이런 날 아무 준비 없이 집에 들어가면 꼭 탈이 난다. 몸과 마음에 머물러 있던 슬프고 울적한 감정이 그대로 식구들에게까지 전달되기 때문이다. 그럴 때 가장 먼저 피해를 보는 건 약자인 아이들이다. 아이들은 영문도 모른 채 기분이 가라앉은 아빠의 눈치를 보고 아내는 그런 나를 위로해주기 위해 애를 쓴다. 그날 저녁 집안은 내가 가지고 온 슬픔의 감정으로 온통 어둡고 우울해진다.

물론 가족끼리 서로의 아픔을 공유하고 위로하는 일은 꼭 필요하지만 문제는 그런 일이 너무 자주 일어난다는 데 있다. 평범했던 집안 분위기를 매번 내가 가져온 무거운 분위기로 물들이는 것은 가족들에게 미안한 일이다.

슬픈 크리스마스를 보낸 후, 나는 이런 일을 더 이상 반복하지 않기 위해 지나친 몰입의 여운을 털어낼 수 있는 특별한 시간을 가져야겠다고 생각했다. 일이 끝나면 작업복을 갈아입듯이, 집에 오기 전에 일터의 옷을 갈아입을 수 있는 탈의 시간을 갖는 것이다. 마치 영화 〈슈퍼맨〉의 주인공 클라크 켄트가 공중전화 부스에 들어가 신문사 기자에서 슈퍼맨으로 변신하듯 나에게도 그런 역할 전환의 시간과 공간을 마련해주기로 한 것이다.

내가 찾아낸 역할 전환의 공간은 자동차였다. 자동차를 역할 전환의 공간이라고 설정한 뒤로 나는 상담을 마치고 집에 오는 날이면 지하 주차장이 아닌 실외 주차장에 차를 주차시켰다. 그리고 엔진을 끄지 않은 채 10분 정도 차 안에 머물렀다. 주차하고 가장 먼저 하는 일은 좋아하는 음악을 트는 것이다. 자주 트는 음악은 오카리나 연주곡인 〈대황하〉다. 음악이 흐르면 운전석의 의자를 뒤로 눕혀 가장 편한 자세로 몸을 기댄다.

운전이 아니라 쉬기 위해 앉아 있는 운전석은 아늑하고

포근한 느낌을 준다. 그 편안함에 몸을 맡기고 크르릉 대며 낮게 떨리는 엔진의 진동을 느낀다. 날씨가 추운 날에는 엔진의 열기가 남아 있는 따뜻한 범퍼 위로 올라와 몸을 데우는 고양이와 눈이 마주치기도 한다. 비가 오면 자동차 위로 떨어지는 빗방울 소리를 들으며 눈을 감는다. 그런 편안함 속에서 내 귀에만 들릴 정도로 마치 기도문을 외우듯 속삭인다.

"오늘 하루, 무사히 잘 지낼 수 있어서 감사했습니다. 지금부터는 집에서 남편이자 아빠로 가족들과 즐겁게 시간을 보내겠습니다."

그리고 자동차 엔진을 끄듯 과열된 머리를 끈다고 상상하며 '이곳에 모든 걸 내려놓는다', '잘 맡겨놓는다'는 마음으로 이완의 시간을 보낸다. 그렇게 10분 정도를 차 안에서 보내고 집으로 올라간다.

별것 아닌 것 같은 이런 작은 행동만으로도 마음은 분명한 변화를 일으키고 지쳐 있던 몸에서는 새로운 의욕이 일어난다. 밥을 가득 먹고 난 뒤에도 디저트로 케이크를 먹을 수 있는 것처럼 분명 힘들었던 느낌이 마음에 가득 차 있는

데도 조금씩 조금씩 아빠와 남편으로서 무언가 해야겠다는 의지가 생겨난다.

그런 새로운 의지가 채워질수록 이전의 느낌은 점점 희미해진다. 아니, 분명 마음속에 이전의 감정은 존재하지만 문앞에 'CLOSED'라는 팻말을 달고 영업을 종료한 상점처럼 그냥 지나칠 수 있게 된다. 실제로 자동차에서 10분을 보낸 후부터는 확실히 슬픔을 가족에게 전달하는 일이 많이 줄어들었다.

이렇게 감정을 전환할 때 가장 중요한 점은 역할 전환의 공간에 '일과 가정이라는 별개의 영역을 이어주는 다리'라는 의식적인 설정을 해놓아야 한다는 것이다. 이 다리를 건너면 나는 조금 전과는 다른 사람이 된다는 의미 부여가 확고할수록 그 공간은 실제로 내가 원하는 힘과 의지를 불러일으켜준다.

평온한 일상을 만들어주는 긍정의 변화는 내가 만들어놓은 습관의 설계로부터 시작되는 것이다.

사소한 일로도 마음에 상처가 생기듯, 단순히 공간에 의미를 부여하는 것만으로도 뚜렷한 마음의 변화가 생길 수 있다. 하지만 만약 이런 변화가 실제로 일어날 수 있는지 의아하다면 다음의 실험을 주목해주기 바란다.

하버드대학 경영대학원의 사회심리학자 에이미 커디(Amy cuddy)는 〈신체 언어가 여러분의 모습을 만듭니다〉라는 TED 강연에서 다음과 같은 연구 결과를 소개했다. 연구는 '에너지를 높이는 자세(high power poses)'와 '에너지를 낮추는 자세(low power poses)'를 취했을 때 나타나는 다양한 신체 변화를 다룬다. 여기에서 말하는 에너지를 높이는 자세는 책상에 다리를 뻗어 올리고 머리 뒤로 팔깍지를 한 채 비스듬히 의자에 기대거나, 양손을 허리에 대고 꼿꼿이 선 채로 상대방을 노려보는 듯한 자세를 말한다. 반대로 에너지를 낮추는 자세는 구부정히 서서 팔짱을 끼고 바닥을 내려다보거나, 의자에 의기소침하게 앉아 있는 모습을 말한다.

이 연구에 따르면 피실험자가 에너지를 높이는 자세를 취했을 때, 공격성과 자신감을 나타내는 테스토스테론 호르몬이 평소보다 20퍼센트 증가하고, 스트레스를 나타내는 스테로이드 호르몬의 일종인 코르티솔이 15퍼센트 감소한다는 결과가 나왔다. 반대로 에너지를 낮추는 자세는 테스토스테론을 10퍼센트 감소시키고, 코르티솔은 15퍼센트 증가시킨다는 정반대의 결과가 나왔다.

이런 호르몬의 작용으로 에너지를 높이는 자세를 취했던 그룹에서는 도박 참여율이 86퍼센트나 되었고, 반대의 그룹에서는 60퍼센트에 머물렀다. 결론적으로 말하면 우리가 취하는 자세와 태도, 즉 신체 언어와 생각만으로도 실제 우리 몸은 거기에 맞는 변화를 보이며 몸과 마음과 행동을 움직인다는 것이다.

이런 현상은 특히 연기를 업으로 하는 배우들에게서 자주볼 수 있는 현상이기도 하다. 2010년 개봉한 김지운 감독의 영화 〈악마를 보았다〉에서 연쇄 살인마 역을 맡았던 배우 최민식은 촬영 중 고충을 회상하며 이렇게 말한 적이 있다.

"평소에 친하게 지내던 아파트 주민과 엘리베이터를 함께 탔는데, 제게 친근한 말투의 반말로 인사를 건네더라고요.

평소 같으면 웃으며 인사를 받아줬을 텐데 그날은 속으로 '이 새끼 왜 나한테 반말을 하지?' 하는 생각이 들었어요."

그는 놀랄 정도로 사납고 공격적인 마음이 들었다고 당시를 회상했다. 영화를 위해 연쇄 살인범을 연기하고 있었지만, 살인범을 따라 해야 했던 신체 언어와 생각이 자신을 촬영장 밖에서도 연쇄 살인범으로 만들어가고 있었던 것이다.

내게 일과 가정 사이를 오가는 다리 역할을 해줬던 차 안에서의 10분이라는 시간도 이런 식의 인과관계로 설명할 수 있다. 자동차가 역할 전환을 위한 공간이라는 의식적인 설정, 자동차 안에서 되뇌었던 리셋을 향한 생각과 의지, 그리고 보상처럼 주어졌던 안락한 자세의 신체 언어가 모여 내 몸과 마음을 변화시키는 충분한 동력이 되어준 것이다.

리추얼이

일상의 품격을 높인다

몸과 마음을 변화시키는 신체 언어가 더욱 강렬한 힘을 갖기 위해서 알아야 할 한 가지가 더 있다. 특정한 신체 언어와 생각이 지속해서 반복되었을 때 더 큰 시너지가 날 수 있다는 점이다. 연쇄 살인범을 연기한 최민식이 연쇄 살인범이 아닌 연기자로 남을 수 있는 이유는 그 배역을 촬영 중에만 연기하면 된다는 제약이 있었기 때문이다. 만약 오랜 시간에 걸쳐 반복적으로 그 배역을 연기했다면 그는 좀 더 심각한 마음의 갈등을 겪었을지도 모른다.

어떤 일을 반복하면 그 일이 특별한 정서적 반응을 불러일으킬 때가 있다. 예를 들어 식사 전에 기도문을 외울 때마다 경건한 마음이 들거나, 매일 아침 출근길에 한강을 바라보며 포근함을 느끼는 경우가 그렇다. 이런 식의 정서적 반응을 불러오는 일상의 반복적인 행동을 '리추얼(ritual)'이라고 한다.

리추얼은 습관처럼 의미 없이 반복되는 버릇이 아니라 어떤 특별한 정서적 반응을 일으키며 되풀이되는 행동을 말한다. 그렇게 특정한 정서적 반응을 동반하기에 때로는 특정 정서를 유발하기 위해 의도적인 리추얼을 만들어내기도 한다. 그랬을 때 리추얼은 일상을 변화시키는 강한 힘을 만들어준다.

❨

노벨문학상을 받은《내 이름은 빨강》을 쓴 오르한 파묵의 일화는 리추얼을 통해 어떻게 일상을 변화시킬 수 있는지를 알게 해준다. 파묵은 글을 쓰기 위해서는 집과 분리된 자신만의 작업실이 꼭 필요하다고 생각하던 작가였다. 하지만 언제나 그런 공간을 마련할 수는 없었다. 부인과 함께 잠시 미국에서 살던 시절에는 형편상 작업실을 마련하지 못해 집에서 글을 써야만 했다. 집에서 글을 쓰려고 했지만 도저히 집중이 되지 않았다.

이때 그가 생각해낸 방법이 글을 쓸 때만큼은 집을 작업실이라고 생각하자는 것이었다. 그렇게 생각하기 위해서 그는 독특한 리추얼을 만들었다. 일단 아침에 일어나면 작업실에 가는 것처럼 인사를 하고 집을 나섰다. 집 주위를 산책하다가 작업실에 도착했다고 생각하며 다시 집으로 들어가는 것이다. 이 일을 매일 아침 반복했고 어느 정도 이런 패턴이 익숙해진 후에는 여기가 내 작업실이라는 자기 최면 속에서 작업을 진행할 수 있었다. 산책이라는 리추얼을 통해 집에서도 글을 쓸 수 있는 마음을 갖추게 된 것이다.

집 주위를 산책하는 리추얼은 그에게 집에 있던 '자연인' 파묵에서 '작가' 파묵으로 돌아갈 수 있게 해준 역할 전환의 시간이기도 했다. 리추얼이 아닌 단 한 번 혹은 생각나는 대로 공원을 산책했다면, 아무리 그가 그런 마음을 먹었어도 집이 작업실로 변신하지는 않았을 것이다. 이렇듯 역할 전환은 리추얼이 되었을 때 더욱더 명확한 효과를 발휘한다.

역할 전환, 리추얼, 길지 않은 시간, 이 복합적인 공간과 시간의 활용을 나는 '10분의 은둔'이라는 말로 통칭해 부른다. 은둔이란 표현을 쓴 건 이 시간은 오직 나에게만 의미 있는 은밀한 개인의 시간이기 때문이다. 10분의 은둔은 여러 가지 역할을 동시에 해내는 우리에게 이곳에서는 내가 무엇을 해야 하는지에 대한 역할을 선명하게 상기시켜준다.

그 시간을 통해 나는 이전과는 다른 새로운 역할로 다시 태어나는 것이다.

（

10분 은둔의 핵심은 10분이라는 시간의 길이에 있는 것이 아니라, 10분 정도의 짧은 시간이 반복되어 일상 속에 스며들어야 한다는 점이다. 어쩌다 한 번씩 이벤트처럼 하는 10분의 은둔은 기분 전환 이상의 큰 효과를 기대하기 힘들다. 매일 10분 동안 꾸준히 운동하는 것만으로도 튼튼한 근력이 몸에 붙는 것처럼, 10분의 은둔을 반복하면 일상을 제어할 수 있는 강한 은둔력(隱遁力)이 생긴다.

자기 분야에서 어느 정도 성취를 이루고 동시에 충실한 가정을 만들어가는 사람 중에는 이런 10분의 은둔을 본능적으로 활용하는 사람들이 많다. 역할을 잘 해낸다는 말은 역할이 바뀌는 변화의 순간에 잘 대처한다는 뜻이기도 하다. 그 어떤 사람도 별안간, 마법처럼, 순식간에 역할을 전환하는 사람은 없다.

리추얼의 힘을 잘 활용할 줄 알았던 뛰어난 은둔력을 가진 사람 중에 《모비딕》을 쓴 미국의 소설가 허먼 멜빌이 있다. 그에게 역할 전환을 위한 10분 은둔의 장소는 집 앞에 있는 헛간이었다. 그는 아침에 일어나면 가장 먼저 헛간에 가서 이제 막 잠이 깬 동물에게 먹이를 주며 인사를 나눴다. 먹이를 주고 나서는 곧장 집으로 돌아와 2층에 있는 서재로 갔고 그곳에서 오후 내내 소설을 썼다.

멜빌은 작업을 끝내고 서재에서 나올 때도 특별한 과정을 거쳤다. 가족 중 한 명에게 정해진 시간에 서재의 문을 두드리게 하고 자신이 직접 문을 열어줄 때까지 노크를 멈추지 않게 했다. 한참 글 쓰는 일에 몰두하다가도 노크 소리가 들리면 쓰던 글을 멈추고 자리에서 일어나 문을 열어줄 수밖에 없는 장치를 만들어놓은 것이다. 그렇게 집중을 깨고 문을 여는 과정을 글쓰기 멈춤의 신호로 삼았다. 노크 소리를 수업을 마치는 학교 종소리로 만들어낸 것이다.

일의 시작과 끝을 알리는 헛간의 은둔과 노크의 리추얼 속에서 미국 역사상 가장 사랑받는 소설로 알려진 《모비딕》이 완성되었다.

만약 멜빌이 가축을 기르는 농부였다면 그가 아침에 헛간에 들르는 일은 특별할 것 없는 농부의 일과였을 것이다. 하지만 멜빌은 농부가 아니었고 아침마다 헛간에 가는 이유도 동물을 기르고 돌보기 위해서가 아니었다. 매일 아침 반복했던 헛간의 방문은 밤사이 잠들어 있던 작가라는 역할을 깨어나게 하는 특별한 의식이었다.

왜 하필이면 멜빌이 헛간과 노크 소리에 특별한 의미를 부여했는지는 알 수 없다. 그곳에서부터 시작해야 글이 잘 써진다는 경험을 우연히 했을 수도 있고, 동물을 보며 고래 이야기의 영감을 얻었는지도 모른다. 다만 확실한 건 그에게 헛간은 느긋한 일상을 보내는 멜빌에서 치열한 작가 멜빌이 되기 위한 변신의 공간이었다는 점이고, 노크 소리는 작가에서 다시 일상으로 돌아가는 신호가 되어주었다는 점이다.

멜빌의 행동은 단순한 습관이 아니라 역할 전환이라는 의미를 가진 리추얼이었다. 창작자들의 리추얼은 주로 개인적이고 은밀한 공간에서 이루어지는 경우가 많다. 공용 공간에서는 창작을 위한 정서를 불러일으키기 어렵기 때문이다. 그래서 많은 창작자들은 멜빌처럼 자기만의 공간에서 스스

로 설정해둔 역할 속으로 빨려 들어가는 창작의 리추얼을
다양하게 수행하고 있다.

역할 전환의 시간을 위해 꼭 10분을 염두에 둘 필요는 없
지만, 최소한 10분에서 아무리 길어도 30분을 넘기지 않는
것이 좋다. 그 이상 시간이 길어지면 오히려 내가 만들어놓
은 시간과 공간에 고립되어버릴 수 있기 때문이다. 차 안에
서 30분 이상을 의도적으로 지체한다면 그건 그냥 집에 들
어가기 싫은 거지, 집에서의 생활을 위해 나를 탈바꿈하는
시간이라고 볼 수 없다.

물론 차 안에서의 짧은 시간 동안 복잡한 기억과 감정이
완벽히 지워지는 건 아니다. 하지만 지금 내가 있는 이곳이
일과 생활을 이어주는 다리라고 의식적으로 설정해두고 나
면 그 다리를 건너는 동안 마음가짐이 바뀌고, 무엇을 해야
하는지 목표가 생긴다.

（

우리는 하루에도 여러 역할을
수행하며 살아간다. 밖에서는 직장인이나 사업가였다가, 집

에 오면 아버지나 어머니가 되고 아들과 딸의 역할을 하기도 한다. 그런데 잘 생각해보면 내가 해야 할 역할이 바뀔 때마다 적당한 완충 장치 없이, 심지어는 그렇게 해야 한다는 인식 없이 막무가내로 다른 역할에 뛰어들 때가 많다. 아무런 준비운동 없이 차디찬 계곡물에 뛰어드는 조급한 어린아이처럼 성급하게 역할을 바꾸는 것이다. 그러다 보니 상황에 맞지 않는 역할 충돌이 자주 일어날 수밖에 없다. 일터에서 돌아와 못마땅한 부하직원 다루듯 배우자를 대하고, 성과를 독촉하는 상사처럼 자신도 모르게 아이들을 윽박지르기도 한다.

이럴 때 10분의 은둔을 통해 역할을 바꿀 수 있는 시간과 공간을 가져야 한다. 그곳이 자동차 안이어도 좋고 짧은 산책이어도 좋다. 혼자 앉아 있는 카페나 가볍게 음료 한잔을 마시는 편의점도 좋은 장소가 될 수 있다. 은둔의 공간이라고 해서 모두와 동떨어진 외롭고 쓸쓸한 곳만을 떠올릴 필요는 없다. 주위의 시선에서 벗어나 나에게 집중하고 나만을 생각할 수 있는 의식의 집중이 가능한 곳이라면 어디든 은둔의 공간이 될 수 있다.

베이커리에 들러 빵이나 쿠키를 고르며 집중하는 시간도, 야구 연습장에 들어가 공을 치며 나에게 몰입하는 시간도 의식을 전환하는 신호로 활용할 수 있다. 어떤 식으로든 이 시간이 일에서 생활로, 이 역할에서 다른 역할로 다리를 건너는 순간이라는 의미를 부여해주면 된다.

미야자키 하야오 감독의 애니메이션 〈센과 치히로의 행방불명〉에서 터널을 지나면 금지된 신들의 세계라는 다른 세상이 펼쳐지는 것처럼, 10분의 은둔은 내가 해야 할 또 다른 역할로 나를 인도해줄 것이다. 터널 같은 잠시 잠깐 혼자 있는 시공간만 있다면 다른 세상으로 들어가는 입구 앞에서 서성거릴 필요가 없다.

잘하고 싶은

마음의 무대를 옮겨라

때로는 내가 전혀 예상하지 못한 곳에 은둔의 공간이 존재하기도 한다. 바쁘게 살다 보면 일상의 반복되는 패턴과 습관에만 길들어 미처 다른 곳을 둘러볼 시도조차 못 하는 경우가 많다. 특히 자기 일에 집중하고 열심히 노력하는 사람일수록 의외의 곳에 있는 은둔의 공간을 찾지 못한다.

가끔 나와 함께 차를 마시며 상담을 받던 지은 씨도 그랬다. 지은 씨는 아이들을 위한 예능이나 게임을 만드는 키즈 엔터테인먼트 업계에서 영상 대본을 쓰는 방송작가였다. 그녀가 하는 일은 편성되는 프로그램마다 새로운 아이디어를 짜고 이야기를 만들어야 하는 고된 작업이었다. 프로그램 하나만 담당했다면 여유가 있었을 텐데 회사 규모가 작다 보니 혼자서 여러 프로그램의 대본을 써야 했고 잠시도 쉴 틈이 없었다. 그런데도 어릴 적 꿈이었던 방송작가가 되었다는 기쁨에 한마디 불평 없이 밤낮을 가리지 않고 열정을 불태웠다.

하지만 매일같이 기계적으로 일정 분량의 대본을 뽑아내야 하는 촘촘한 일정은 그녀가 원하는 수준의 글을 쓸 수 있는 환경이 아니었다. 시간이 흐를수록 그녀는 열정이 고갈되고 사라져가는 느낌을 받았다. 이런 업무 스트레스를 그녀는 먹는 걸로 손쉽게 풀었다. 눈물이 쏙 빠지는 매운 떡볶이나 기름지고 바삭바삭한 식감의 치킨과 튀김, 시럽이 잔뜩 들어간 달콤한 음료가 그녀가 주로 먹는 스트레스 해소용 음식이었다. 자극적인 음식을 오랜 시간 주식으로 삼다 보니 서른이 넘어서부터는 몸무게가 부쩍 늘고 편두통이 잦았다.

주위에서는 그녀에게 음식을 가려 먹고 운동을 하라고 권유했지만, 그녀는 유일한 즐거움인 음식을 포기할 수 없었다. 여태껏 해보지 않은 운동을 한다는 것도 어색하고 자신이 없었다. 한두 번 집 근처 요가 학원이나 필라테스 학원에 다니려고 꽤 큰돈을 들여 등록해봤지만, 젊고 날씬한 수강생들을 보면 주눅이 들었다. 몇 번 수업을 듣고 나서는 일단 어느 정도 몸을 만들어서 학원에 가야 부끄럽지 않을 것 같다는 생각이 들어 마음을 접고 말았다.

지은 씨와 차담(茶啖)을 나누면서 나는 운동이나 음식 조절을, 살을 빼기 위한 수단으로 생각하지 말고 스트레스를 푸는 마음의 출구로 삼아보는 게 어떻겠냐는 제안을 했다. 한 번도 운동을 제대로 해본 적이 없으니 진지하게 운동을 했을 때 나에게 어떤 변화가 찾아오는지 실험해보자는 제안이었다. 한편으로는 작가로서의 경험을 늘리고 실감 나는 글을 쓰는 데 필요한 소재가 될 수도 있으리라는 말도 덧붙였다.

(

청소를 싫어하는 사람도 귀한 손님이 오는 날에는 청소를 하게 되고, 외모에 신경 쓰지 않는 사람도 중요한 미팅 전에는 몇 번씩 거울을 들여다보게 된다. 평소에는 관심도 없고 싫어하는 일도 해야 할 이유가 구체적이고 명확해지면 우리 몸은 큰 저항 없이 움직이기 시작한다. 운동을 싫어하는 지은 씨에게 필요한 것도 구체적인 이유와 목표였다.

운동을 머뭇거리는 지은 씨에게 나는 소설 《상실의 시대》를 쓴 무라카미 하루키의 이야기를 들려주었다. 하루키는 매해 풀코스 마라톤 대회에 출전할 만큼 마라톤을 좋아하는 작가로 알려져 있다. 달리기를 좋아해 이것을 주제로 책을 쓰기도 했고 나중에 묘비에 "적어도 끝까지 걷지는 않았다"라고 쓰겠다고 말할 만큼 마라톤에 대한 그의 애정은 남달랐다.

그가 마라톤을 좋아하는 이유는 단순히 건강을 위해서가 아니었다. 마라톤을 하다 보면 오랜 시간 달려야 하는 극한 상황을 맞이하게 되는데, 하루키는 숨이 헐떡이고 심장이 터질 것 같은 절정에도 달리기의 규칙과 완주의 약속을 끝까지 어기지 않는 '자신'을 만나는 것을 좋아했다. 스스로와의 조우는 긴 호흡으로 글을 써야 하는 작업 리듬에도 많은 도움을 줬다고 한다. 글을 쓰는 동안 자신이 정한 규칙을 잘 지키게 되었고, 날마다 목표한 글 양을 포기하지 않고 채우게 되었다고 말이다.

마라톤 연습을 위해 러닝을 하는 동안은 작가 하루키가 아닌 마라토너 하루키의 시간을 온전히 즐기는 해방감도 느꼈다. 달리기 자체가 자신만의 페이스대로 혼자 뛰는 운동이기에 그 시간만큼은 다른 누군가를 신경 쓰지 않아도 된다. 그러니 달릴 때만큼은 작가 하루키가 아니어도 괜찮았다. 글을 쓸 때처럼 좋은 결과를 낼 필요도 없었다. 그런 자유로움은 작가라는 일상의 삶에서 아마추어 마라토너라는 또 다른 인생을 간접 경험하는 '무대의 이동'을 의미했다.

마라톤이라는 두 번째 무대는 그에게 사회적 자아를 드러내지 않아도 되는 은둔의 공간이 되었다. 마라톤이라는 무대 위에 설 때면 소설가 하루키를 좀 더 냉정하게 바라보며 자신이 지금 어떤 상태인지, 어떤 글을 쓰고 있는지를 객관적으로 볼 수 있었다. 그는 《달리기를 말할 때 내가 하고 싶은 이야기》라는 책에서 이렇게 말했다.

"나는 소설 쓰기의 많은 것을 매일 아침 길 위를 달리면서 배워왔습니다. 자연스럽게, 육체적으로, 그리고 실무적으로요."

(

나와 차를 마시며 대화를 나누고 난 뒤 얼마 지나지 않아 그녀에게서 마라톤을 시작했다는 소식을 들었다. 하루키의 글을 읽고 자신도 마라톤을 하

일상을 숨 쉬듯
가볍게 만드는 기술

고 싶어졌다는 것이다. 그녀는 하루키처럼 마라톤이라는 두 번째 무대 위에서 지금의 자신을 바라보고 싶다고 했다.

그녀는 동호회에 가입해 주말마다 빠지지 않고 마라톤 연습을 했다. 목표도 생겼다. 1년에 한 번 하프 마라톤 대회에 출전하는 것이다. 그렇게 마라톤을 통해 체력을 기른 그녀는 완주의 성취감뿐 아니라 몸에 대한 자신감도 얻게 되었다.

운동을 하면서 자연스럽게 익힌 장거리용 호흡법, 운동화나 러닝복, 식단 관리 정보들, 그리고 달리면서 보게 된 낯선 풍경까지 이 모든 게 그녀에게 신선한 자극과 아이디어의 재료가 되어주었다. 달릴 수 있는 모든 길 위가 성공에 목마른 사회적 자아를 드러내지 않아도 되는 휴식의 공간이 되었다.

만약 그녀가 건강만을 위해 달렸다면 운동 초기 무릎 통증이 왔을 때 달리기를 그만뒀을 것이다. 재미나 사교가 목적이었다면 동호회 사람이 언짢게 행동했을 때 다른 취미를 찾았을 수도 있다. 하지만 그녀의 목적은 마음의 출구를 찾는 것이었고, 마라톤은 그녀가 가지고 있던 일상의 스트레스를 내보내는 훌륭한 출구가 되어주었다.

일로 비롯되는 부정적인 감정에도 출구가 필요하다. 그래야만 자주 찾아오는 마음의 아픔을 오래 담아두지 않고 잘 버리는 사람이 될 수 있다. 마음의 짐이 가벼울수록 삶은 행복해진다. 사회 속의 나는 언제나 전체를 위한 삶을 강요받는다. 그곳에서 내 마음, 내 기분은 무시되어도 좋은 먼지 같은 취급을 받기도 한다.

은둔은 이런 식의 처우에서 벗어나 나를 위한 두 번째 무대의 시간을 갖게 해준다. 그 시간에 무엇을 하는가는 중요하지 않다. 무엇을 하든, 타인의 처지에서 생각하느라 미처 돌보지 못한 나 자신을 내 처지에서 바라보며 수고했다 쓰다듬고 따듯하게 안아줄 수 있으면 된다.

일상을 숨 쉬듯
가볍게 만드는 기술

한 발짝도

나가지 못할 것 같을 때

아무리 노력해도 한 발짝도 앞으로 나가지 못할 것 같은 느낌이 들 때가 있다. 전력을 다해 뛰고 있지만, 다람쥐 쳇바퀴 돌 듯 제자리를 맴도는 느낌, 그런 초조함은 삶을 조급하게 만드는 원인이 된다. 나 역시 그런 초조함에 빠질 때가 있다.

마음치유 상담을 하면서 조금이라도 도움이 될 만한 이야기를 해주고 싶고, 좀 더 깊이 공감하며 진심으로 다독여주고 싶지만 좀처럼 되지 않을 때가 그랬다.

사람들은 대부분 한 곳에서만 상담을 받지 않는다. 깊은 병에 걸린 사람이 유명한 병원을 수소문해 찾아다니듯, 마음에 병이 든 사람은 정신과부터 상담센터, 종교단체나 무속인에 이르기까지 이곳저곳을 찾아다닌다. 이런 '상담 유목민'들이 많다 보니 가끔은 마치 선전포고를 받듯 '이런 내용의 뻔한 이야기를 할 거면 상담받지 않겠다'라는 메일을 사전에 받을 때도 있다. 그런 메일을 읽으면 순간 기분이 상하다가도 정말 그것 이상의 말을 해줄 수 없다는 사실에 헛

일상을 숨 쉬듯
가볍게 만드는 기술

헛한 실의에 빠지기도 한다.

이렇듯 실력이 부족한 열정은 마음을 초조하게 한다. 그런 초조함은 시야를 좁히고 생각을 편협하게 만든다. 그러다 보면 자꾸 실수하게 되고 실수가 반복되면 내가 좋아하는 일에 무기력함을 느끼게 되는 악순환이 만들어진다.

악순환의 고리를 끊기 위해 사람들이 선택하는 가장 일반적인 방법은 공부다. 부족한 실력을 채우기 위해 책을 읽거나 전문 강사의 강의를 들으며 쳇바퀴 같은 사고 회로를 벗어나 보려고 노력한다. 하지만 노력한 만큼 성과를 내는 사람은 드물다. 초조해질수록 새로운 정보를 받아들이는 지적 감수성이 떨어지기 때문이다. 어느 정도 범위를 정해놓고 내가 이해하고 공감할 수 있으면 좋은 내용이고, 그렇지 않으면 엉터리라고 생각해버린다.

공부할 때 빠지기 쉬운 함정이 바로 이 지점이다. 나도 모르게 잘 알고 있거나 쉬운 문제만 찾으며 모르거나 어려운 문제는 보지 않는 식으로 공부하는 것이다. 이렇게 한쪽으로 치우친 공부는 오히려 내 생각을 가두는 두꺼운 벽이 되어버린다. 나는 그 단단한 벽을 '익숙함'이라고 부른다.

익숙함은 시야를 좁게 만든다. 낯익은 도로에서 사고가 나고, 가까운 사람에게 배신을 당하는 것도 이 때문이다. 생소하다면 조심하고 경계했을 일도 익숙함에 길드는 순간 방심하게 된다. 내 방식이 숙달될수록 새로운 것은 불편한 것이 되고 전에 없던 제안은 세상 물정 모르는 치기로 여기기도 한다. 결국 이런 식의 공부로는 성장을 위한 열정이 오히려 무기력함만을 가중시켜 악순환에서 벗어날 수 없게 한다.

(

악순환의 고리에서 벗어나기 위해서는 어떻게 해야 할까? 가장 좋은 방법은 낯선 것을 공부하는 것이다. 낯섦을 공부하는 것은 여행에 비유할 수 있다. 우리가 여행을 즐기는 이유 중 하나는 여행지에서 뻔하고 익숙한 것이 아닌 낯선 것들을 체험할 수 있기 때문이다. 그런데 왜 우리는 여행에서만큼은 익숙한 것만을 고집하거나 낯선 것들을 배척하지 않게 되는 걸까? 여행하는 동안 나는 이국적인 것을 경험하러 온 여행객이라는 자기 설

일상을 숨 쉬듯
가볍게 만드는 기술

정을 하고 있기 때문이다. 만약 여행자가 아니라 외국 문화의 실태나, 보완점을 분석하러 온 사찰이 목적이었다면 철저히 나의 기준에서 낯선 것들을 평가하고 재단했을 것이다.

공부할 때도 이런 여행자의 마음을 가져야 할 필요가 있다. 입시나 고시 같은 정답이 있는 시험을 준비하는 게 아니라면, 성장을 위한 새로운 시각은 내가 바라보지 못하던 새로운 방향을 볼 때 만들어진다. 그러니 내 전공, 내 분야를 더 깊이 파고드는 공부에 한계를 경험하고 초조함을 느낀다면 내가 경험하지 못한 분야를 느슨하게 둘러보는 공부가 오히려 내게 영감을 주고 새로운 돌파구를 발견하게 해줄 것이다.

공부할 때는 여행자의 마음을 가져야 한다.
우리가 여행을 즐기는 이유는
낯선 것을 체험할 수 있기 때문이다.

숲을 보려면

숲속에서 나와라

지난여름, 로맨스 소설가를 꿈
꾸던 지인이 공모전을 앞두고 자신의 초고를 보여주며 조언
을 구한 적이 있다. 읽어보니 인물들의 모습이 뻔하고 스토
리 라인이 진부했다. 어떻게 말해줘야 상처받지 않을까 한
참을 고민하다가 주인공이 입체적이고 다양한 성격을 가졌
으면 좋겠다고 조언해주었다.

배려가 부족했는지 내 조언을 듣고 그는 몹시 기분 나빠
했다. 로맨스물의 주인공은 규격화된 공식이 있어서 오히려
특이해서는 안 된다는 것이었다. 내 조언 따위는 전혀 들으
려 하지 않고 자신이 알고 있는 것 이상의 이야기를 듣고 싶
어 하는 것 같지도 않았다. 사실 조언을 구하고는 있었지만,
그의 본심에는 이 정도면 잘하지 않았느냐는 인정을 받고
싶은 마음이 더 큰 것 같았다. 그의 반응을 보며 그가 공모
전에 통과할 수 있을지는 몰라도 좋은 작가가 되기란 쉽지
않겠다는 생각이 들었다. 익숙한 것에 길들어져 낯선 것을
받아들일 여유가 없어 보였기 때문이다.

일상을 숨 쉬듯
가볍게 만드는 기술

익숙함과 낯섦을 오가는 양극적 사고는 난류와 한류가 만나 황금어장을 만들 듯 풍성한 영감의 어장을 만들어준다. 그에게는 그런 어장이 없었다. 새로운 영감을 불러오지 못하는 작가는 결코 좋은 작가가 될 수 없다. 그래서 많은 예술가가 일부러 낯선 것을 찾아 자신만의 황금어장을 만들려고 노력한다. 가장 흔한 예가 장르를 바꾸는 것이다. 시를 쓰던 사람이 에세이를 쓰고, 피아노를 치던 사람이 지휘를 하는 식이다. 문학이나 음악, 미술이라는 큰 테두리는 같을지라도 장르마다 호흡과 표현이 다르고 전혀 다른 기술을 쓰기에 장르를 바꾸려면 새롭게 공부해야 한다. 시를 쓰듯이 익숙한 방식으로 에세이를 썼다가는 몽글몽글한 내용의 정체불명의 글이 되고 만다.

장르를 바꾼다는 건 오랜 시간 습득한 자신만의 리듬을 뒤로하고 새로운 리듬을 습득해야 하는 어려운 일이다. 각고의 노력 끝에 장르 전환에 성공한 사람들은 새로운 장르에 안주하기도 하지만 대부분은 두 개의 장르를 번갈아가며 활동할 때가 많다. 그렇게 서로 다른 느낌이 잘 녹아들었을 때 이전과는 전혀 다른 신선한 결과물이 나온다.

나에게도 그런 경험이 있다. 한참 시를 공부하고 시인이 되고 싶어 한 때였다. 하지만 재능이 없었는지 노력에 비해 결과물은 형편없었다. 고등학교 시절부터 수없이 시 공모전에 응모했지만 단 한 번도 당선되지 못했다. 공모전에 떨어질 때마다 시 작법에 관한 책이나 유명 시인들의 책을 읽으며 탈락한 내 시들을 다듬어갔다. 그런데 지금 생각해보면 그때 나는 내가 쓰던 시의 세계를 확장해나가기보다 공모전이라는 틀에 갇혀 오로지 어떻게 하면 등단할 수 있을지만 고민했던 것 같다. 그러니 시를 쓰면 쓸수록 더 답답해졌고 당연히 좋은 시를 쓸 수도 없었다.

그러다 대학 시절 부전공으로 고전문학을 공부하면서 큰 반전을 맞았다. 그저 학점을 채우기 위해 들었던 과목이었을 뿐인데 수업을 들을수록 나는 고전문학에 매료되었다. 고전문학에는 오래된 골동품에서 느껴지는 세월의 품위가 있었고 원초적인 지혜가 있었으며 한 번에 가늠할 수 없는 깊이가 있었다. 고전의 매력을 안 뒤로는 틈만 나면 고전을

일상을 숨 쉬듯
가볍게 만드는 기술

읽었다. 《사서삼경》이나 《노자》와 《장자》, 《열자》와 《회남자》, 《고문진보》, 《적천수》, 《삼국유사》, 《문인화》에 이르기까지 가리지 않고 읽고 보았다.

그런데 고전문학에 빠져들면서 생각지도 않았던 현상이 나비효과처럼 시에서 일어났다. 이전까지 시 작법 책을 여러 권 읽으며 찾으려 해도 보이지 않던 내 시의 문제점이 고전문학을 공부하면서부터는 너무나 뚜렷하게 보이기 시작한 것이다.

유가 사상의 전통미학을 다룬 이태후의 《화하미학(華夏美學)》이란 책을 읽었을 때였다. 책에 '미재심정(美在深情)'이란 구절이 있었는데, 아름다움은 깊은 정에 있다는 말이었다. 그랬다. 내 시에는 깊은 정이 없었다. 따뜻하게 어루만지고 바라보는 정감 있는 태도 대신 비판하고 절망하는 가벼운 어휘들로만 가득 차 있었다. 그러니 시적 아름다움이 느껴지지 않았던 것이다. 그러고 보면 시에도 그런 깊은 정으로부터 우러나오는 아름다움이 있어야 한다는 걸 생각해본 적도 없는 것 같았다.

그 뒤로 지금까지 나는 글을 쓸 때 '미재심정'이란 말을 꼭 염두에 두게 되었다. 고전문학의 세계에서 바라본 시의 세계는 확실히 시에 파묻혀 지낼 때와는 다른 느낌과 시각으로 시를 바라보게 해주었다. 그리고 그때 확실히 알게 되었다. 내가 있는 숲을 제대로 보기 위해서는 숲에서 나와 있어야 한다는 것을. 숲속에 있을 때는 숲의 모습을 볼 수 없는 것처럼, 한 곳에 익숙해질수록 내가 그곳에서 어떤 모습을 하고 있는지 객관적으로 바라볼 수 없게 된다는 사실을.

 (

시인의 열병에 휩싸여 있던 그 시절 고전문학이라는 새로운 장르를 공부하던 시간은 나에게 익숙함을 버리고 낯섦 속으로 들어가는 은둔의 시간이기도 했다. 고전문학의 세상은 내가 잘 알고 있는 그 어떤 지식과 경험도 없는 낯선 세상이었다. 그렇기에 편견도, 부담도 없는 도화지 같은 세상이기도 했다.

그런 도화지 같은 곳에서 큰 재미와 매력에 빠질 수 있었던 것은 오랜 시간 함께 해왔던 '시'라는 애증의 상대가 있었기 때문이었다. 애증이 있다고 해서 헤어지고 싶거나 버리고 싶은 대상이라는 뜻은 아니다. 다만 잠시 거리를 두고 나와 '시' 사이에 어떤 문제가 있는지, 어떻게 하면 그 문제를 해결할 수 있는지 알고 싶었을 뿐이다.

고전문학은 '시'라는 숨 막히는 대상과 떨어져 과감히 외도하며 정신없는 한때를 보낼 수 있게 해준 지적 은둔처가 되어주었다. 그리고 그런 은둔처가 있었기에 나는 가끔 그곳에서 쉬어가며 시 쓰기를 포기하지 않을 수 있었다. 그렇게 오랜 시간이 지난 지금, 결국에는 시인도 고전문학가도 아닌 자기계발서 작가가 되었지만 내 글에는 또렷이 그때의 흔적들이 남아 있다.

그 후로도 나는 내 한계를 넓혀야 하는 '공부'를 하고 싶을 때는 익숙한 장르를 떠나 낯선 장르로 외도를 감행했다. 마음치유 상담을 하면서 부딪친 한계를 넓히기 위해 최근에 찾아간 낯선 장르는 '점성학(astrology)'이다. 점성학은 고대 천문학에서부터 현대의 점성학에 이르기까지 별과 사람에 대한 인문학적 사유를 공부하는 학문이다.

운명에 관한 글을 쓰다 알게 된 분야인데 책으로는 도저히 배울 수 없는 어려운 내용이 많아 매주 토요일마다 한 번씩 서울에서 분당까지 수업을 들으러 다녔다. 관련된 책을 어느 정도 읽고 들어갔지만, 수업은 온통 낯선 것투성이였다. 처음 듣는 단어들과 생경한 기호들, 외우지 않으면 이해하지 못할 내용까지 정신없이 수업을 따라가다 보면 어느새 수업 시간이 끝나 있었다.

그 수업에서 나는 완벽한 애송이였다. 혹시 나한테 어려운 질문을 할까 봐 조마조마해하는 마음이나, 초보적인 질문을 할 때 느끼는 약간의 부끄러움까지 정말 오래간만에 잔뜩 긴장하면서 수업을 들었다.

그렇게 일주일에 한 번씩 별들의 이야기와 사람의 운명이라는 거시적인 이야기들을 공부하다 보면 내가 아등바등 사는 이 세상이 한없이 작아 보이고 시시해 보일 수가 없었다. 그렇게 넓어진 시야를 가지고, 상담하고 글을 쓰다 보니 확실히 예전과는 달라진 마음과 언어들을 경험할 수 있었다. 낯선 분야의 공부를 통해 익숙함 너머에 있는 또 다른 세상을 볼 수 있는 시력을 갖게 된 것이다.

일상을 숨 쉬듯
가볍게 만드는 기술

익숙한 곳을 떠나 낯선 곳으로 간다는 것은 생각보다 큰 용기와 결심이 필요한 일이기도 하다. 그리고 무조건 낯선 영역으로 들어간다고 해서 갑자기 시야가 트이는 것도 아니다. 오히려 더 많은 사람이 낯선 곳을 고독하게 느끼며, 그곳에서 빠져나와 다시 익숙한 곳으로 돌아가려 한다. 낯선 것을 시도해야 하는 필요성을 알더라도 우리의 본능은 언제나 불편한 곳보다는 편한 곳을, 낯선 것보다는 익숙한 것과 함께하기를 원한다.

그럼에도 우리는 노력해야 한다. 용기를 내어 낯선 것에서 도망치지 않고 그것에 적응하며, 익숙한 것을 새롭게 볼 수 있는 힘을 키워야 한다. 그렇게 키운 힘은 내가 머무는 영역에서 남다른 실력을 갖게 해줄 강력한 원동력이 되어줄 것이다.

실력이 부족한 열정이 나를 초라하게 만들 때

익숙한 장르를 떠나 낯선 장르로 외도를 감행하자.

편한 곳보다는 불편한 곳에서 남다른 실력이 자란다.

무질서한 에너지를

바로잡는다

보이는 것을 정리하면 보이지 않는 것도 정리가 될까? 많은 사람에게 정리정돈은 어쩔 수 없이 해야 하는 귀찮은 일이나 의무적으로 해야 하는 가사노동쯤으로 여겨진다. 하지만 우리가 무언가를 정리한다는 건 단순히 치운다는 청소의 의미가 아니라 무질서해진 에너지의 질서를 바로잡는다는 좀 더 깊은 의미가 담겨 있다.

인간을 제외한 어떤 생명체도 사람처럼 자신의 공간을 완벽히 정리하지 못한다. 곤충의 왕국에서 위대한 건축가로 알려진 개미나 벌조차도 먹이를 저장하고 적의 위협으로부터 자신을 보호하는 용도가 아닌, 미학적인 '공간의 정리'는 하지 못한다. 오직 사람만이 생존을 넘어선 또 다른 의미의 정리정돈을 할 수 있는 능력이 있다.

자연은 질서정연하게 정리되어 있기보다 흩어져 무질서하게 되려는 본성이 있다. 그래서 우리가 사는 공간은 잠시만 손을 놓고 관심을 두지 않으면 금세 무질서해진다. 그리고 이런 자연의 법칙은 우리의 마음에도 그대로 적용된다.

일상을 숨 쉬듯
가볍게 만드는 기술

나의 일상을 잘 관찰하면 내가 사는 공간의 무질서는 마음의 무질서와 연결되어 있다는 상호 연관성을 발견할 수 있다. 닭이 먼저냐 달걀이 먼저냐의 문제처럼 선후를 가릴 수는 없지만, 사랑하던 가족이나 지인의 상실과 맞물려 저장 강박증이 나타나고, 냉장고 안에 물건을 줄 맞춰 정리하는 결벽에 가까운 습관이 다른 사람을 용납하지 못하는 편향적인 인간관계로 드러나기도 한다.

10년 전 출간된 곤도 마리에의 《정리의 기술》은 세계적인 베스트셀러에 오르며 '곤도 마리에식 정리'라는 새로운 트렌드를 만들어냈다. 곤도 마리에식 정리는 설레지 않는 것은 버리라는 극단적인 미니멀리즘을 표방하고 있다. 물건을 쉽게 버리지 못해 힘들어하던 사람들에게 그녀는 버릴 수 있는 용기와 용기의 척도가 되는 '설렘'이라는 감정을 안겨주었다.

곤도 마리에식 정리법의 다른 한 편에서는 《미움받을 용기》라는 책을 필두로 아들러 심리학이 사람들의 공감을 샀다. 알프레드 아들러라는 오스트리아의 정신의학자로부터 1세기를 건너 우리에게 도착한 심리학은, 과거의 원인으로부터 만들어진 현재와 현재라는 원인을 통해 만들어지는 미래가 아닌, 오직 지금만을 강조한다. 과거에 얽매이지 않고 미래에 지금의 행복을 저당 잡히지 않는, 한마디로 지금 이 순간 설레는 삶을 살라는 것이다.

누가 시키지 않아도 동시에 유행했던 '정리의 기술'과 '미움받을 용기'는 그렇게 개인의 일상에서도, 사회적 트렌드 속에서도 시공간과 마음은 서로 연결되어 있음을 잘 보여주었다.

이런 시각은 치워도 치워도 쓰레기가 쌓여가는 집을 단순한 게으름이 아닌 정리되지 않은 마음의 문제와 연결해 생각할 수 있게 해준다. 그리고 이런 식의 생각을 하게 만든다. 내가 지금 공간을 정리하는 방식이 내가 살아가는 삶의 방식과 연결되어 있다면, 반대로 내가 공간을 정리하고 정돈하는 방식을 바꿈으로써 내 삶이 새롭게 정돈될 수 있지 않을까,라고. 보이는 것을 정리하면 보이지 않는 것도 정리된다는 믿음을 가질 수 있게 되는 것이다.

사람들은 '정리'라는 말에서 먼지 한 톨 없이 깨끗이 치우고 버리는 것을 떠올린다. 하지만 정리는 치우거나 버리는 것이 아니라 '질서를 잡는 것'이라고 생각하면 어떨까. 집 안에 불필요한 물건을 두지 않는 미니멀리스트라면 말끔히 공간을 비워놓는 게 정리정돈일 것이고, 반대로 물건을 정신없이 늘어놓고 자유분방하게 펼쳐놓는 게 내가 만족하는 공간의 질서라면 그 방식대로 공간을 유지하는 게 최선의 정리일 것이다.

오랫동안 공간에 관한 공부를 해온 나는 정리를 '기운의 조화'라고 생각한다. 편안한 기운, 힘이 나게 하는 기운, 창작의 영감이 떠오르는 기운이 공간과 물건마다 자연스럽게 융합되어 시로를 빛나게 해주는 것. 그런 공간의 질서를 만드는 것이 나에게는 정리다. 그래서 나는 기운이 떨어진 것 같은 느낌이 들면 지금 내가 머물고 있는 공간을 정리하기 시작한다. 그러면 바닥으로 떨어진 마음의 기운이 공간과 공명하며 다시 새로운 힘을 얻는다. 정리를 마음의 재충전을 위해 활용하는 것인데, 이런 까닭에 나는 정리 또한 은둔의 한 가지 방법이라 여긴다.

이때의 은둔은 사회에서 떨어져 혼자만의 시간으로 들어가는 것을 목적으로 하지 않는다. 그 대신 나를 힘들게 하는 무질서에서 벗어나 마음의 질서를 회복하는 것을 목적으로 한다. 그 목적을 이루기 위해서는 내가 특별한 의미를 부여한 공간의 정리가 단순한 청소가 아닌 어지럽혀진 마음에 새로운 질서를 만든다는 의식이 있어야 한다. 그랬을 때 정리는 마음의 기운을 나게 하는 은둔의 효과를 불러올 수 있다.

(

예를 들면 이런 식이다. 나는 글을 쓰며 무언가 적당한 생각이 나지 않을 때면 내 생각 회로 어딘가가 막혀 적체되었기 때문이라고 본다. 그런 적체가 일어나는 이유는 나의 습관성 편견이 비슷한 생각만을 쓸데없이 많이 모아 머릿속에 쌓아두었기 때문일 것이다.

그렇게 생각이 떠오르지 않을 때 욕실로 간다. 욕실은 몸을 깨끗이 씻어내는 정화의 기운과 쌓여 있는 것을 내보내

일상을 숨 쉬듯
가볍게 만드는 기술

는 배설의 기운이 담긴 곳이다. 이런 막힌 기운을 정리하는 데 욕실만큼 어울리는 공간은 없다. 그래서 나는 욕실을 '영감의 산실'로 활용한다.

욕실에서의 정리는 외견상 욕실 청소와 다름이 없다. 욕조와 변기, 거울을 깨끗이 닦고 바닥 타일과 벽은 세정제로 거품을 내 청소한다. 마지막으로 목욕용품을 넣는 선반과 수건 수납함을 정리한다. 밀폐된 공간에서 힘들여 청소하다 보면 몸이 땀에 젖는다.

정리가 끝나면 깨끗이 몸을 씻는 샤워를 한다. 뜨겁게 쏟아지는 물줄기를 목과 뒤통수가 닿는 부위인 '아문혈'에 맞으며 한참을 서 있다 보면 굳어 있던 마음의 긴장이 풀리며 몸이 이완되는 기분 좋은 느낌이 든다. 아문혈은 한의학에서 벙어리의 입을 열어준다는 혈 자리다. 그곳에 물줄기를 맞으며 적체된 생각을 순환시킨다는 마음으로 최대한 자유로운 생각을 다양하게 해보려고 노력한다.

그러다 보면 어느 순간, 새로운 생각이 폭죽처럼 번쩍하며 떠오를 때가 있다. 생각이 떠오르면 사라지기 전에 방수가 되는 스마트폰을 꺼내 메모한다. 이런 과정이 샤워 중에 서너 번 반복되기도 한다. 샤워가 끝나면 마지막으로 욕실에 남아 있는 샤워의 흔적을 닦아내며 정리를 마무리 짓는다.

새로운 생각을 얻기 위해 발가벗고, 씻고, 주위를 깨끗이 하는 루틴은 청소라는 이름만 붙이지 않았다면 신성한 종교적 의식처럼 느껴지기도 한다. 목욕재계를 하고 옷을 단정히 입고 금식 기도를 올리며 신탁을 들었던 고대의 제례처럼 욕실 정리를 통해 정갈해진 몸과 마음으로 새로운 생각을 얻는 것이다.

하루에 한 번씩 샤워하는 익숙한 욕실도 그곳이 새로운 생각이 떠오르는 공간이라는 의미를 부여받는 순간, 실제로 그런 효과를 일으키는 특별한 은둔의 공간이 될 수 있다. 그곳에서 정돈된 질서를 부여하는 일이 내 머릿속에도 무질서한 생각을 정돈해주는 공명을 일으키는 것이다.

◖

욕실에서 생각을 정리하는 방식은 많은 예술가가 해오던 전통적인 은둔의 형식이기도 하다. 《레미제라블》을 쓴 작가 빅토르 위고는 새벽 6시부터 오전 11시까지 다섯 시간 동안 글쓰기가 끝나면 옥상에 있는 욕조로 가서 목욕하는 것으로 글쓰기를 마무리했다. 주위 사람들은 그의 목욕을 단순히 몸을 씻는 행위로 생각했겠지만 아마도 글을 쓰며 정리되지 않은 생각과 마음의 긴장을 목욕으로 풀어내며 끝을 맺는 하루 글쓰기의 마무리 작업이었을 것이다.

음악가 베토벤도 그랬다. 그는 아침 작업을 끝내고 잠깐 산책을 하기 전에 거의 벌거벗은 상태로 세면대 앞에 서서 동그랗게 모은 손에 물을 붓고 방을 돌아다니며 노래를 부르거나 무언가를 흥얼거렸다. 그러다 무언가가 생각나면 메모를 하고 다시 손에 물을 붓고 방을 돌아다니며 마룻바닥과 발밑이 물로 흥건해질 때까지 앞서 했던 행동을 반복했다고 한다. 언뜻 보면 기괴한 행동처럼 보이지만 그의 이런 행동 역시 물을 통한 생각의 정리가 아니었을까. 남이야 어떻게 생각하든, 생각이 가장 잘 정리될 수 있는 자신만의 세계 속으로 들어간 것이다.

정리란 무질서한 에너지에 질서를 잡는 것이다.

우리는 보이는 공간과 물건을 정돈함으로써

보이지 않는 삶의 에너지를 충전할 수 있다.

수북한 생각의 조각을

가지런히 잇다

내가 자주 활용하는 공간 정리 방식이 하나 더 있다. 누구나 흔히 하는 책상 정리다. 책상 정리가 필요한 순간은, 생각은 많은데 이것을 잘 연결해 구조화할 수 없을 때다. 음식에 비유하자면 재료는 많이 구해놨는데 어떤 비율로 어떻게 조합해야 맛있는 요리로 만들 수 있을지 적당한 요리법이 떠오르지 않을 때다.

메모를 좋아하는 습관 때문에 평소 내 책상에는 정리되지 않은 메모지와 포스트잇이 수북이 쌓여 있다. 일주일만 돌보지 않아도 어디에 무엇을 써놨는지 찾기가 힘들 정도다. 지저분해 보여도 매일 정리를 하지 않는 이유는 그렇게 쌓여 있는 모습이 좋아서다. 농부들이 추수가 끝난 들판에 볏짚이 쌓여 있는 모습을 보고 풍성함을 느끼듯이, 나는 책상에 쌓인 메모지들을 보며 생각의 풍성함을 느낀다. 그 느낌이 좋아서 일부러 치우지 않고 그냥 두게 된다.

어질러진 책상을 정리하는 날은 따로 있다. 오늘따라 유난히 생각이 정리되지 않고 앞뒤가 맞지 않는 말을 하거나 글을 쓰게 될 때다. 그런 날은 아무리 마감이 코앞이라도 작업을 멈추고 시간을 들여 책상 정리를 한다. 정리는 쌓여 있는 메모지들을 한 장 한 장 읽는 것부터 시작된다. 읽으면서 비슷한 주제의 내용은 한곳에 모아 이전에 모아뒀던 메모 묶음과 함께 묶어놓는다.

그런데 이게 보통 일이 아니다. 정리하다 보면 한곳에 묶기 어려운 별개의 주제들이 수십 개씩 난립할 때도 있고 내가 적은 글인데도 내용을 이해하기 힘든 암호 같은 메모가 발견되기도 한다. 메모들과의 씨름이 끝나면 컴퓨터 문서함에 있는 파일과 이미지 들을 정리한다. 파일에는 숫자를 붙여 번호 순으로 이름을 붙이고 이미지는 클라우드에 업로드시키며 제목을 달아준다.

그렇게 메모와 문서 들이 정리되면 서랍을 열어 필기구와 여러 가지 소품을 꺼내 상태를 확인하고 정리한다. 가장 열심히 관리하는 필기구는 만년필이다. 한때 좋은 펜은 좋은 글을 쓰게 해줄 거라는 동화 같은 믿음으로 만년필 수집에 열을 올린 적이 있다. 지금은 노트북으로 글을 쓰니 사인할 때나 메모할 때가 아니고는 거의 사용하지 않아 펜촉이 굳어지는 일이 많다. 책상을 정리하는 날에는 꼭 자세히 펜촉 상태를 확인하고 따뜻한 물로 굳어 있는 펜촉을 풀어준다. 만년필 손질은 책상 정리가 끝났음을 알리는 마지막 마무리 이기도 하다.

(

책상을 정리할 때 한 가지 주의할 점이 있다. 책상을 꼼꼼히 정리하는 일은 작업을 시작할 때가 아닌, 일과의 마지막 혹은 일정의 마무리에 해야 한다는 것이다. 일과를 시작하기 전에 하는 정리는 오히려 일을 지연시키고 관심을 분산시키는 역할을 한다. 책상 정리를 꾸물거리며 일과만 지체하는 변명거리로 만들어서는 안 된다.

하지만 일을 마무리할 때의 정리는 전력 질주 후에 숨을 고르는 이완의 시간이 된다. 또한, 마지막 정리는 성취의 일부분이 되기도 한다. 마치 도시를 점령한 점령군이 시가지를 정돈하는 것처럼 전쟁 같은 일상의 전운이 남아 있는 고단한 뇌를 책상과 함께 정리하는 의미가 있다.

사실 가장 개인적인 공간인 욕실과 책상을 정리할 때는 정신적인 거리감과 함께 물리적으로 독립된 느낌을 받기도 한다. 아이들이 뛰어놀거나 다른 가족들과 함께 있어서 산만한 상황에서도 책상 정리를 시작하면 아무도 나를 부르지 않는다. 오히려 무언가 도와줘야 하는 귀찮은 일이 생길까 봐 잠시 자리를 비켜주기까지 한다.

욕실 청소와 샤워를 할 때도 그렇다. 덕분에 그곳에서는 잠시 세상과 분리된 나만의 시간이 펼쳐진다. 물론 누구나 샤워를 하고 책상 정리를 한다고 해서 생각이 정리되는 것은 아니다. 누군가에게는 부엌을 정리하며 조리도구를 하나씩 손질하는 순간이나, 드레스룸의 옷들을 일렬로 색을 맞춰 정리하고 각을 맞춰 정돈하는 순간이 그런 정리의 은둔이 될 수도 있다. 어떤 방식을 택하느냐는 내가 평소에 주위의 공간에 어떤 의미를 부여하고 있느냐로 결정된다.

(

얼마 전 함께 차를 마셨던 웹 디자이너 지원 씨는 스트레스를 받으면 화장실 문을 잠그고 들어가 그곳에서 손빨래를 한다고 했다. 그녀에게 빨래는 원래 미루고 미루다 한꺼번에 세탁기에 넣거나 세탁소에 맡기면 그만인 귀찮은 노동이었다. 그러다 손빨래에 관심을 두기 시작한 건 얼룩진 실크 옷을 손으로 처음 빨고 나서부터였다. 때 묻은 옷이 자신의 손을 통해 깨끗해지는 모습을 보니 좋은 문장을 썼을 때처럼 성취감이 들었다고 했다. 그 느낌이 좋아 나중에는 옷뿐만 아니라 이불 빨래 같은 큰 빨래도 하게 되었다.

"큰 대야에 이불을 넣고 발로 밟고 있으면 발에 닿는 이불의 느낌이 너무 좋았어요. 빨래에 대한 아날로그적인 감성이라고 해야 할까요? 일할 때는 차가운 마우스와 키보드만 만져야 하잖아요. 그런데 옷감이나 이불은 몸에 닿는 느낌이 좋더라고요. 빨래를 끝내고 탈탈 털어 베란다에 널어놓으면 그렇게 마음이 뿌듯할 수가 없어요."

그녀에게 손빨래는 짧은 시간에 내가 원하는 방식으로 성과를 내는 일이기도 했다. 그래서 손빨래를 하는 중에는 다른 일에 관한 생각이 나지 않았다. 빨래를 깨끗하게 해야 한다는 목적이 생기고, 깨끗해진 빨래를 보며 해야 할 일을 완벽히 해낸 만족감이 들었다. 나중에는 빨래를 위해 빨래를 하기보다 그런 뿌듯한 성취감을 느끼고 싶어서 일부러 시간을 내 빨래를 하게 되었다. 그렇게 그녀만의 짧은 은둔의 시간을 보내고 나면 디자인을 할 때도 머리가 정돈되는 느낌을 받을 수 있었다. 빨래의 과정을 통한 성취의 완결이 그녀의 일에도 새로운 윤활유가 되어준 것이다.

샤워나 책상 정리, 그녀의 손빨래처럼 정리의 은둔은 우리의 일상 어디에서도 가능한 가장 쉬운 은둔법 중 하나이다. 그리고 일상의 사소한 것들을 통해 새로운 의미를 찾아내고 성과를 낼 수 있는 은둔력을 키워주는 좋은 방식이기도 하다. 그렇게 정리를 통해 내 생각의 질서를 잡아줄 수 있는 나만의 일을 찾아냈을 때 정리의 은둔은 언제나 나에게 생각의 풍성함과 명료함을 선물해줄 것이다.

3

마음의 주인이 되는
생각의 기술

자기만의 방을 만드는

아이들

"아빠, 나 오늘부터 돌멩이를 키울 거야."

유치원에서 하원한 딸이 조그만 조약돌 두 개를 내밀며 말했다. 유치원 화단에서 주워 온 것이라고 했다. 엄마의 반대로 기르지 못하는 고양이나 강아지 대신 조약돌을 키우기로 한 것이다. 그 뒤로 아이는 조약돌에 물을 주고 말도 걸면서 살아 있는 생명처럼 잘 돌봐주었다.

조약돌뿐만이 아니다. 땅에 떨어진 나무 막대기, 잎사귀한 잎도 마음에 들면 집으로 데려와 친구가 되었다. 자주 말을 걸고 자신만의 의미를 부여하며 가지고 있던 장난감들에도 새로운 친구로 소개해주며 놀았다. 어린아이들은 혼자 놀기의 고수들이다. 아이의 놀이라고 하면 엄마에게 껌딱지처럼 매달려 있거나 다른 아이들과 어울려 떠들썩하게 노는 모습만을 떠올리기 쉽지만, 자세히 들여다보면 은밀한 공간을 만들어 자신이 만들어낸 규칙대로 놀이할 때도 많다.

은밀한 공간이라고 해서 대단한 공간이 있는 건 아니다.

의자와 의자 사이에 이불을 걸쳐놓고 그 안에 아지트를 만들거나 식탁 밑에 들어가고 옷장 안에 숨는 정도가 전부다. 그 안에서 조약돌을 키우고 자동차로 하늘을 날며 재미있는 이야기를 만들어간다. 성격에 따라 다른 아이들과 쉽게 어울리지 못하는 아이는 있어도 혼자서 재미있게 놀지 못하는 아이는 없다.

이때 아이들의 놀이를 이끌어가는 가장 큰 힘은 상상력이다. 상상력은 혼자 있을 때 힘이 세진다. 사람들과 함께 있으면 신경 써야 할 일이 생기고 함께할 일에 집중해야 하니 자유롭게 생각을 펼치기가 힘들다. 그래서 아이들은 심심해지면 자신만의 공간을 만들어 그곳에서 상상의 나래를 펼치며 즐거운 놀이를 시작한다.

☾

내게도 상상력이 마음을 지배하던 어린 시절이 있었다. 생각해보면 그때가 어느 때보다 재미있고 흥미롭게 세상을 바라보던 시절이었던 것 같다. 어린 시절 나에게 상상력은 힘들고 쓸쓸한 시절을 버티게 해준 고마운 친구였다. 소설《마지막 잎새》의 주인공 존시가 비바람에도 떨어지지 않는 잎새를 보며 병상에서 일어났듯이, 상상력은 떨어지지 않는 담쟁이 잎을 나에게 만들어 주었다.

나는 어릴 적부터 몸이 허약했다. 조금만 뛰어도 기침을 해댔고 성장도 남들보다 많이 느렸다. 그런 나를 안타깝게 여기던 할머니는 어느 날 나에게 정체불명의 약을 지어주었다. 아는 지인에게 어렵사리 구한 약이었다. 감사한 마음으로 약을 먹은 나는 그날 큰 배탈이 났고 며칠을 앓아 누워야 했다. 그날 이후로 나는 조금만 스트레스를 받으면 심한 복통에 시달리게 되었다. 자주 배가 아프다 보니 음식을 잘 먹지도 못했다. 바쁘셨던 부모님은 내 몸 상태를 잘 알지 못했다.

속이 불편해 밥이 들어가지 않는 날이면 아무도 모르는 곳에 밥을 버렸다. 전기밥통에 밥이 줄어 있으면 내가 밥을 먹은 게 되니 아무에게도 들키지 않을 수 있었다. 제대로 밥을 먹지 못해서 몸은 점점 쇠약해졌고 배가 아파 학교에 가지 못하는 날도 많아졌다. 결석하고 집에 있는 날이 늘어날

수록 학교에 가지 않아도 된다는 즐거움보다는 쓸쓸함이 커졌다.

무엇보다 재미있게 놀 만한 것이 없었다. 인터넷이나 휴대전화도 없던 시절이었다. 나갈 수도 없었고 찾아오는 사람도 없었다. 부모님은 아침 일찍 일하러 나가고 나는 온종일 텅 빈 방에 혼자 누워 있어야 했다. 배가 아픈 것은 둘째 치고 혼자라는 외로움에 빠져 아픈 몸을 탓하거나 처지를 비관하며 지내는 날이 많아졌다. 모든 것이 불만이었다.

하루는 유난히 작고 낡은 집이 신경을 건드렸다. 가난한 집이 창피해서 친구들을 초대하지 못하는 것도 분하고 서러웠다. 나는 바닥에 누워 이런 집에 살아야 하는 원망의 감정을 허공에 폭포처럼 쏟아냈다. 감정이 격해져 눈물이 났고 한참을 훌쩍거리며 씩씩거렸다. 분이 좀 가라앉았을 때 '그럼 이 집을 나가버릴까?'라는 철없는 생각이 들었다. '그럼 어떤 집으로 가지? 어디로 가는 게 좋을까?' 그렇게 꼬리를 무는 생각을 하다가 내가 가고 싶은 집을 구체적으로 상상해보기 시작했다.

분노의 힘으로 나는 처음으로 내가 원하는 집을 상상 속에서 완성할 수 있었다. 물론 그전에도 내가 살고 싶은 집을 생각해보곤 했지만 한 번도 완벽한 모양의 집 한 채를 완성한 적은 없었다. 긴 시간 상상을 지속할 만큼의 집중력도 없었고 꼭 상상을 완성해야 할 이유도 없었기 때문이다.

그렇게 상상 속에서 완성된 집은 나에게 예상하지 못한 경험을 안겨주었다. 혼자 있는 시간이 상상을 이어가는 동안에는 지루하거나 외롭지 않게 느껴진 것이다. 분노와 원망에 차 있을 때는 불편하고 힘들었던 집이, 집에 대한 상상에 집중하기 시작하면서부터는 상상을 도와주는 최적의 소재와 공간이 되어주었다.

완성된 상상은 상상만으로 끝나지 않았다. 펜을 들고 노트에 집을 그리고 싶게 만들었고 그림에 대한 설명을 쓰게 만들었으며 그 집에 사는 사람들의 이야기를 상상하게 해주었다. 수수깡이나 일회용 젓가락을 모아 직접 집을 만들어보기도 했다. 그렇게 완성된 집들이 많아질수록 집을 그려놓은 노트가 채워질수록 기분 좋은 만족감이 들었다. 그런 만족감은 응어리진 내 마음을 조금씩 풀어주며 작은 위로를 건네주었다.

마음의 주인이 되는
생각의 기술

상상은 하나의 완결성 있는 이야기가 되었을 때 허무한 공상이 아닌 나를 치유해주는 위로가 되어주었다. 또한 지금껏 한 번도 경험해보지 못한 즐거운 놀이이기도 했다. 나는 그 뒤로도 상상 놀이를 자주 즐겼고 상상할 수 있는 혼자만의 공간을 만들려고 노력하게 되었다.

상상이 조금씩 완성되어가면 정말 그런 일이 일어날 것만 같은 희망이 함께 싹터 올랐다. 그리고 희망은 내가 이제부터 무엇을 해야 하는지를 말해주는 선택의 기준이 되어주었다. 그런 상상들이 모여 결국 나는 상상을 언어로 표현하는 작가가 되었고 집과 공간에 대한 상상을 잘 정리해 공간에 관한 책도 쓰게 되었다. 상상이 삶의 방향을 잡아준 현실의 씨앗이 된 것이다.

☾

일상이 지루해지고 무료해지면 나는 늦은 밤 공항버스를 타고 공항에 간다. 이륙을 위해서가 아니다. 그곳에서 밤하늘을 향해 날아오르는 비행기를 보며 종일 모니터를 들여다보느라 좁아진 시야를 넓히는 시간을 갖기 위해서다. 공항에서 낯선 외국인의 얼굴과 작은 여행용 가방을 들고 움직이는 승무원들의 모습, 멀리 여행을 떠나는 사람들의 설레는 표정을 보면 눈앞의 사실적인 판단만을 하느라 잠들어 있던 상상력이 깨어나는 것 같다. 언젠가는 이런 상상이 모여 또 하나의 아름다운 결실이 될 것을 알기에 그 시간이 내게 너무나 소중하다.

홀로 상상하는

자유로움에 관하여

우리가 누릴 수 있는 은둔의 즐거움 중 하나는 누구의 방해도 받지 않고 마음껏 상상할 수 있다는 것이다. 고요하고 여유로운 은둔의 시간은 현실에 발을 딛고 있는 기억에 상상이라는 날개를 달아줄 수 있는 최고의 시간이다. 자유로운 상상은 때론 아픈 마음을 치유해주는 훌륭한 치료제가 되어주기도 한다. 나는 이렇게 마음을 보듬어주는 상상의 효능에 '치유의 상상력'이라는 이름을 붙여주었다.

치유의 상상력은 조각조각 떨어져 있는 생각이 아니라 하나의 완결된 이야기가 될 때 힘을 발휘한다. 우리는 자주 상상을 완성하지 못한다. 그림에 비유하면 사람의 얼굴을 그릴 때 대충 그린 동그라미에 눈, 코, 입만을 아무렇게나 그려놓는 것과 같다. 그런 그림은 잠시 뒤 쓰레기통에 버려질 낙서가 될 뿐이다.

상상도 그렇다. 의미 없는 상상은 잡다하게 떠오르는 망상일 뿐이다. 돌아서면 금세 잊히고 영원히 사라져버린다.

마음의 주인이 되는
생각의 기술

하지만 처음부터 끝까지 완결된 이야기와 이미지가 있는 상상은 작가가 심혈을 기울여 완성한 그림처럼 큰 위로와 감동을 줄 수 있다.

치유의 상상력을 생각하면 나는 미야자키 하야오가 떠오른다. 미야자키 하야오는 애니메이션계에서 가장 존경받는 작가이자 상상력의 천재라고 불리는 감독이다. 〈미래소년 코난〉, 〈이웃집 토토로〉, 〈센과 치히로의 행방불명〉 같은 명작이 모두 그의 손에서 탄생했다.

독특한 그의 작품 세계만큼 그가 작품을 만들어내는 방식 또한 특별하다. 그는 작품의 소재가 될 만한 것들을 공부할 때 상황이나 대상을 정확히 기록하기보다 머릿속에 사진을 찍어놓은 것처럼 기억으로 남겨놓는다고 한다. 기억력이 뛰어나서가 아니라 기억이 사라진 자리에 자신의 상상력을 채워 넣기 때문이다. 〈이웃집 토토로〉의 토토로만 해도 곰과 수리부엉이, 너구리의 모습 위에 자신의 상상력을 가미해 만들어낸 캐릭터다.

그가 이런 멋진 상상을 하기 위해 가장 먼저 하는 일은 자기만의 공간을 찾아 홀로 시간을 보내는 것이다. 그가 자주 찾는 곳은 전화나 라디오도 없이 흑백 TV만 덩그러니 놓여 있는 시골의 작은 오두막이다. 그곳에서 자연을 둘러보며 밭길을 걷고 가져간 만화책을 온종일 읽으며 여유로운 생활을 누린다.

물고기 소녀의 이야기인 〈벼랑 위의 포뇨〉를 만들 때는 일본의 바닷가 마을에서 6개월 이상을 보내며 작품에 등장할 새로운 이미지를 만들기도 했다. 멀리 떠날 수 없을 때는 스튜디오 근처를 산책하고 자연을 관찰하며 혼자만의 시간을 보낸다. 그렇게 혼자 있는 시간이 있어야 새로운 영감이 떠오른다는 것을 잘 알기 때문이다.

상상이라는 게 그렇다. 내가 가장 편하게 있을 수 있고, 간섭받지 않는 시간과 공간에 있을 때 가장 높게 나래를 펼치고 날아오른다. 그래서 창작을 업으로 하는 많은 예술가가 자신만의 독특한 작품을 완성하기 위해 혼자 있는 시간을 보낸다. 수많은 사람의 관심과 갈채를 받는 작품일수록 역설적이게도 가장 철저히 혼자인 시간을 거쳐야만 탄생할 수 있는 것이다. 그런 점에서 모든 은둔자가 예술가는 아니지만 모든 예술가는 은둔자라고 할 수도 있을 것이다.

은둔의 시간이 상상력을 불러일으키기는 하지만 그렇다고 당장 상상으로부터 촉발된 영감이라는 결과물이 만들어지는 것은 아니다. 은둔 속에서 펼쳐진 상상의 나래는 지금을 넘어 먼 미래의 어느 순간 그 결실을 보여줄 수도 있다. 이에 대해 하야오는 이렇게 말한다.

"아름다운 석양을 말할 때, 급히 석양이 찍힌 사진집을 펼쳐보는 사람은 없을 겁니다. 아마도 그는 어머니의 품에서 봤던 석양이나 의식의 주름에 깊이 새겨져 있던 자신의 석양에 대해 말할 거예요. 지금 떠오르는 것은 훨씬 전부터 시작된 것입니다."

하야오가 가진 상상력의 원천은 유년 시절에서부터 시작되었다. 그의 작품들을 보고 있으면 어떤 걱정이나 근심도 없는 자유분방한 삶을 살아온 것처럼 보이지만 작품들을 이끌어온 것은 자신이 겪어야 했던 아픈 기억들이었다.

그는 2차 세계대전의 여운과 함께 어린 시절을 보내야 했다. 밖에 나가면 보이는 것은 폭격을 맞은 건물들과 가난한 이웃들뿐이었다. 비행기 관련 사업을 하던 아버지는 종전과 함께 내리막길을 걸어야 했고, 어머니는 전염성이 강한 결핵을 앓아 9년 동안 가족들과 떨어져 투병 생활을 했다. 그는 아픈 어머니를 대신해 동생을 돌보고 스스로를 보살펴야 했다.

이런 혼란 속에서 그가 흥미를 붙일 수 있는 일이라곤 방안에 들어가 책을 읽고 그림을 그리는 일뿐이었다. 어린 하야오에게 은둔이란 하나뿐인 선택지였다. 그 은둔의 시간 동안 그는 다양한 이야기를 상상하며 지냈다. 완쾌한 어머니의 모습과 행복한 가족, 전쟁 없는 세상, 자연의 신비로움이 그의 상상 노트를 채워나갔다. 이때 보낸 상상의 시간은 그가 훗날 애니메이션 감독이라는 성취를 이루는 방아쇠가 되어주었다. 그 방아쇠에서 발사된 상상의 총탄 중 하나가 그의 대표 작품인 〈이웃집 토토로〉다.

〈이웃집 토토로〉에서 언니 사츠키는 성별만 다를 뿐 어릴 적 하야오의 모습이다. 초등학생인 사츠키는 아픈 어머니를 대신해 다섯 살 동생 메이를 돌보며 아버지를 도와 집안일을 한다. 나이도 하야오와 같은 1941년생이다. 여기에 그는 자신만의 상상을 덧붙인다. 이사한 낡은 시골집에는 순수한 아이들의 눈에만 보이는 녹나무의 정령 토토로가 살고 있다. 토토로는 부모님 대신 자신을 돌봐주는 보호자 역할을 한다. 비 오는 날에는 큰 잎사귀를 우산처럼 씌워주고 길을 잃은 동생을 찾아주며 현실에서는 닿을 수 없었던 엄마에게로 고양이 버스를 불러 안전하게 데려다준다. 토토로는 어두운 현실을 유쾌한 상황으로 만들어주는 치유의 상상력이 만들어낸 결과물이다.

틀림없이 하야오의 마음속에서도 그랬을 것이다. 힘들었던 현실의 한편에는 내가 미처 알지 못했던 또 다른 세상이 있다는 생각, 그 세상 속에는 나를 지켜주고 보듬어주는 존재가 있을지도 모른다는 상상이 그에게도 큰 위로가 되었을 것이다.

물론 상상만으로 현실을 바꿀 수는 없다. 하지만 적어도 현실을 바라보는 관점은 바꿀 수 있다. 색다른 관점의 현실은 익숙한 현실과는 전혀 다른 세상을 볼 수 있게 해준다. 토토로가 존재하는 세상에서 유년 시절의 아픔이 아름다운 동화가 될 수 있는 것처럼 상상력을 통해 훨씬 더 커진 나만의 세상을 갖게 되는 것이다. 그렇게 확장된 세상은 아픔이나 슬픔을 이전보다 훨씬 작은 것으로 느끼게 해준다.

(

가끔 시간이 나면 하야오가 그랬던 것처럼 나는 아이들에게 또 다른 토토로를 만들어보라고 한다. 여러 동물을 합성해 새로운 동물을 만드는 놀이를 하는 것이다. 그러면 아이들은 기억 속에 저장된 다양한 동물을 결합하고 자신만의 동물을 상상해낸다. 거기에 이름을 붙이고 이야기를 만들어가며 놀이의 시간을 갖는다. 방금까지 정신없이 떠들던 아이들은 자신의 상상 속에 들어가는 순간, 잠시 세상에서 사라진 것처럼 고요한 은둔자가 된다. 나는 옆에서 상상이 완성될 때까지 조용히 그 모습을 지켜볼 뿐이다.

잠시 경험한 상상 속의 은둔은 언젠가 아이들이 겪게 될 고난의 시간에 휴식과 위안을 주는 안식처가 되어줄 것이다.

마음의 주인이 되는
생각의 기술

바라볼수록

선명해지는 것들

열다섯 살에 가족과 떨어져 부산에서 홀로 하숙 생활을 한 적이 있었다. 아주 어렸을 때의 일도 아닌데 힘들었던 탓인지 그때 기억들 대부분이 흐릿하기만 하다. 그런데 그런 뿌연 기억들 속에서 유독 또렷하게 남아 있는 장면이 하나 있다. 하숙집 주방에 걸려 있던 프린트된 그림을 자주 바라보던 나의 모습이다. 그때는 그게 누구의 그림인지도 몰랐다. 다만 그 그림을 보고 있으면 멀리 떨어진 가족들이 유난히 그리워지던 기억이 난다.

서울에 올라와 다시 가족과 함께 살게 되면서 완전히 잊고 있던 그림을 다시 보게 된 건 한국화 도록을 보면서였다. 그제야 그 그림이 이중섭의 〈그리운 제주도 풍경〉이라는 것을 알게 되었다. 그리고 내가 왜 그 그림을 보고 눈물지었는지도.

이중섭은 가난한 화가였다. 가난에 쫓겨 한곳에 정착하지 못하던 그가, 따듯한 곳으로 가자며 정착한 곳이 제주도였다. 막연한 희망을 품고 간 제주도였지만 그곳에서도 생활

마음의 주인이 되는
생각의 기술

은 나아지지 않았다. 툭하면 떨어지는 먹을거리에 배를 곯던 가족은 바닷가에 나가 게를 잡아먹으며 허기를 달래는 날이 많았다고 한다.

일본으로 가족이 떠난 뒤 그때의 모습을 추억하며 그린 작품이 〈그리운 제주도 풍경〉이다. 작품 속의 아이들은 순진한 표정으로 게를 잡고 그 모습을 자신과 부인은 미소를 띠며 바라보고 있다. 비참한 가난으로 기억될 법한 그때가 그에게는 즐거운 추억으로 남았던 것 같다.

부인과 자녀들이 일본으로 건너간 뒤로 그는 더욱더 고독하고 가난한 시절을 보낸다. 상황이 그러면 다른 일을 하며 호구책을 마련할 법도 한데 그는 끝까지 그림을 그렸고 그림으로 삶을 버텨나갔다. 푸른색 펜으로 그려진 작은 그림 속에는 당시의 지독한 외로움과 함께 화가의 고단한 삶이 지문처럼 묻어 있다.

누가 설명해주지 않아도, 그리움이 담긴 그림을 보고 그리움을 느낀다는 건 신기한 일이다. 이중섭의 〈그리운 제주도 풍경〉은 언뜻 보면 익살스러운 아이들의 표정과 만화처럼 과장되게 그려진 게의 모습이 어우러져 재미있고 유쾌한 그림처럼 보인다. 하지만 그림을 오랫동안 바라보고 있으면 그림 자체만으로는 설명할 수 없는 진한 그리움이 몰려온다. 그림의 형식 너머에 담겨 있는 화가의 마음을 직관적으로 느끼며 공명하게 되는 것이다.

(

그림은 의도하지 않아도 마음의 감정들을 자연스럽게 밖으로 드러나게 하는 본능적인 마음 출구가 되어준다. 그래서 아직 자신을 잘 표현하지 못하는 서투른 아이들도 그림을 그리며 그 속에 자신의 마음을 담아낸다.

하루는 지인의 아이가 도화지를 온통 검게 칠한 그림을 그린 적이 있다. 왜 이렇게 그렸냐고 물어보니 아이는 어두운 밤이기 때문이라고 대답했다. 하지만 이상하게 그 아이가 그린 밤에는 별도 달도 창밖의 불빛도 그 어떤 빛도 없었다. 나중에 알고 보니 아이는 심각한 학교 폭력을 당하고 있었다. 불안한 마음이 밤을 밝혀야 할 빛을 모두 지워버린 것이다.

어쩌면 표현하기 힘든 마음을 그림으로 표현할 수 있게 해준 건 인간에게 마음 출구를 마련해주고 싶은 신의 배려일 수도 있겠다는 생각이 든다. 하지만 우리는 어느 순간부터 더 이상 그림을 그리지 않게 되었다. 특별히 그림에 소질이 있어 미대 진학이나 디자이너를 꿈꾸지 않는 이상 잘 그리지 못한다는 이유로, 혹은 다른 것을 공부해야 한다는 이유로 그림과 담을 쌓는다. 별다른 의문 없이, 그 어떤 아쉬움 없이 '그림'을 잊어버리는 것이다.

하지만 그림은 그렇게 아무렇지도 않게 잊어버려서는 안 되는 창작 활동이다. 그림을 잊어버리는 순간이 바로 가장 크게 열려 있던 마음의 출구가 닫히는 순간이기 때문이다. 그러니 우리는 마음이 힘들어질 때 다시 한번 신이 주신 배려를 떠올릴 필요가 있다. 재능이나 소질, 기술 따위는 잊어버리고 원래 가지고 있던 가장 큰 마음 출구를 다시 열어놓는 것이다. 그러자면 그림을 그리기 위한 나만의 시간이 필요하다.

예를 들면 나는 길고 복잡한 전화 통화를 할 때면 종이를 꺼내 그림을 그려가며 통화한다. 이때 그리는 그림은 도형이다. 말이 잘 풀리지 않을 때는 동그란 원을 여러 개 중첩해서 그리고 말이 너무 길어지고 있으면 말을 가두는 사각형을 굵은 선으로 겹칠해서 그린다. 무슨 말인지 이해하기 어려울 때는 나의 무지한 눈이 별처럼 반짝 떠진다는 뜻으로 다비드의 별을 여기저기 그려 넣기도 한다.

이렇게 도형을 그리는 일은 마치 야구선수들이 껌을 씹는 것처럼 대화의 집중에 도움을 주면서 도형으로 표현된 내 마음을 눈으로 볼 수 있게 해준다. 통화하면서 종이 위에 도형을 그리다 보면 내 마음이 상대방에게도 통했는지 풀리지 않던 말이 동그랗게 잘 굴러가고 길어지던 말이 철창에 갇힌 듯 마무리가 되어간다는 느낌이 든다. 나만의 방식으로 마음을 풀어가며 통화를 하는 것이다.

내가 도형을 그리는 것처럼 그림을 그리는 데는 그렇게 특별한 공간, 대단한 도구가 없어도 된다. 카페에서 사람을 기다리는 동안 냅킨 위에 그림을 그릴 수도 있고 잠을 자기 전에 혹은 잠시 쉬는 시간에라도 메모지와 펜을 꺼내 간단한 그림으로 마음을 그려낼 수 있다.

이런 식의 가벼운 관심을 통해 닫혔던 그림이라는 마음의 출구가 열렸다면 이제부터 내가 이 출구를 나의 중심 출구로 쓸지, 아니면 곁문으로 남겨둘지를 결정한다. 그림이 마음을 표현한다는 것을 알아도 그림 그리는 게 싫고 지루하다면 애쓸 필요는 없다. 관심을 두고 다시 열어둔 것만으로 만족하면 된다. 하지만 내가 그림을 통해 좀 더 깊이 있게 내 마음을 표현하고 싶다면, 그리고 그런 과정에서 정체되어 있던 마음의 감정이 해소된다고 느껴진다면 이제부터는 그림 속 은둔자가 될 준비를 해보자.

（

그림 속 은둔이라는 말을 가장 잘 설명해주는 화가를 꼽으라면 에드바르크 뭉크를 꼽을 수 있다. 뭉크는 두려움으로 절규하는 표정의 〈절규〉를 그린 화가로 잘 알려져 있다. 그의 삶을 들여다보면 언제라도 엇나가고, 불행해질 수 있는 요소로 가득 차 있다. 혈육의 이른 죽음, 연인의 배신, 타고난 허약 체질까지 사실 이 정도 풍파를 겪은 사람이라면 자신은 불행을 끌고 다니는 사람이라며 어둠의 그늘에서 비참한 삶을 자처했을지도 모른다.

하지만 그는 그런 삶을 살지 않았다. 그에게 그림이 있었기에 가능한 일이었다.

그가 그림을 만난 건 인생에서 가장 큰 행운이었다. 그는 어린 시절 그림을 그리며 그림 속에 자신의 아픔과 두려움을 담을 수 있다는 사실을 경험했다. 경험은 그렇게 중요하다. 만약 아버지의 뜻에 따라 의사의 길을 걸었다면 환자를 치료해야 할 날카로운 메스로 자신의 손목을 그었을지도 모를 일이다. 다행히 그는 화가의 길을 걸었고 이때부터 그의 삶은 위태롭고 불안한 사회적인 삶과 마음껏 자신의 감정을 표현할 수 있는 그림 속의 삶으로 나눠진다.

그의 그림 속 삶은 은둔의 삶이기도 했다. 그에게 사회란 죽음과 배신이 난무하는 사막처럼 숨 막히게 뜨거운 곳이었다. 그런 사막에서 그림은 유일한 그늘이 되어주었다. 햇볕 속에 있다가도 그림이라는 그늘에 들어와 쉴 수 있는 시간, 그 안락한 곳에서 그는 자신의 고통과 불안, 슬픔과 좌절을 용기 내어 마주할 수 있었다. 두려웠던 기억을 마주하며 그때의 두려움을 다시 화폭에 담는 작업은 보통의 사람들에게는 두려움을 상기시키는 고행처럼 여겨지지만, 그에게는 화

수분처럼 샘솟는 두려움을 덜어내는 치유가 되었다. 뭉크는 이렇게 말했다.

"내 몸은 썩어가지만, 그 시체에서 꽃이 피어난다. 난 그 꽃 속에서 살고 있다. 이것이 영원이라는 것이다."

그 꽃이 바로 그림이었고, 그는 꽃 속에서 불안한 세상을 견뎌낼 수 있었다. 그러다 마흔 이후에는 교외로 나가 집을 짓고 마지막 날까지 그림에만 몰두하는 삶을 살았다. 사람들과의 교류는 최대한 줄이고 세상으로부터 자신이 머무는 꽃 속의 세상을 지키기 위해 노력하는 삶이었다. 수도승이라는 뜻의 'monk'와 발음이 유사한 뭉크라는 이름처럼 온전한 은둔자로서 자신의 삶을 완수한 것이다.

☾

상담을 하다 보면 지독한 삶의 고통에 허덕이는 사람들을 만날 때가 많다. 그럴 때면 그림 이야기를 꺼내며 뭉크처럼 불행했던 삶도 그림 속 은둔을 통해 꽃으로 피어날 수 있었다는 말을 들려주곤 한다. 그건 힘을 내라고 하거나, 고난 뒤에 기쁨이 온다고 위로하는 것

마음의 주인이 되는
생각의 기술

과는 전혀 다른 의미의 말이다.

우리는 어렸을 때부터 버티고 이겨내라는 말을 수도 없이 들으며 성장해왔다. 아픈 일이 생기고 주저앉을 일이 생겨도 거기서 멈추지 말고 더욱더 열심히 세상과 교류하며 힘차게 전진하라는 말은 많은 사람이 마음속에 품고 있는 인생 지표이기도 하다. 하지만 괜찮은 삶이 꼭 그런 역동적인 모습 속에만 있는 것은 아니다. 뭉크처럼 그림을 그리는 은둔의 삶도 얼마든지 나에게 도움이 될 수 있다.

너무 밝은 것만을 추구하는 인생은 음영 없이 밝기만 한, 마치 노출이 과장된 사진처럼 될 수 있다. 그러니 너무 밝은 모습만을 보여주기 위해 노력하지 않아도 된다. 슬플 때는 뭉크의 그림을 떠올리며 이렇게 나를 드러내야 내가 버텨낼 수 있다는 걸 받아들이는 삶도 한 폭의 그림 같은 아름다운 삶이 될 수 있다.

그늘에 들어와 쉴 수 있기를,

안락한 곳에서 자신의 고통과 불안, 슬픔과 좌절을

용기 내어 마주할 수 있기를.

‘유튜브 블루’를

치유하는 마음가짐

（

"선생님, 일주일에 두 번은 영상을 올리셔야 구독자가 늘죠. 인스타그램도 하루에 두 번씩은 사진을 올리셔야 해요!"

유튜브와 인스타그램을 시작하면서 영상 편집을 담당한 파트너에게 귀가 따갑게 들은 말이다. 대개 사람들은 일상의 가벼운 생각과 느낌을 지인들과 공유하기 위해 SNS를 사용하거나 또는 자신의 재능을 홍보하고 돈을 벌기 위한 플랫폼으로 SNS를 사용하기도 한다.

내가 운영하는 유튜브 채널 〈신기율의 마음찻집〉과 인스타그램은 후자에 가까운 목적으로 시작되었다. 영상을 통해 나의 콘텐츠를 알리고 내 인지도도 높이고 싶었다. 개인 미디어로 돈을 버는 사람들 이야기에 귀가 간지러웠고, 나도 그렇게 돈을 벌 수 있으면 좋겠다고 생각했다. 때로는 유튜브가 내 인생을 비약적으로 업그레이드해주는 히든카드가 되면 좋겠다는 기대에 잔뜩 부풀기도 했다.

그런데 정작 영상을 찍고 올리면서 생각하지 못했던 어려움이 생겼다. 꿈과 기대가 너무 컸는지 카메라를 켜면 몸에 힘이 들어가고 표정도 부자연스러워졌다. 준비한 말도 버벅거렸고, 말을 하다 보면 머릿속이 하얘져 나도 모르게 '아무 말 대잔치'를 하고 있었다. 찍어놓은 영상을 보면 말 한마디, 손짓 하나에도 인위적이고 인공적인 냄새가 물씬 풍겼다. 유튜브를 찍기 전에는 없던 현상이었다.

이런 상태로 매주 영상을 찍어 올리다 보니 나중에는 영상을 찍을 생각만 해도 몸이 아프고, 우울해지고, 찍은 영상을 다시 보지 못하는 불안 증상이 생겼다. 유튜버들이 남몰래 고통받고 있다는 마음의 병, 바로 '유튜브 블루'가 내게도 온 것이다.

잘 알려지지는 않았지만 이름만 대면 알 만한 유명 유튜버들이 유튜브 블루의 증상 중 하나인 경증의 공황장애를 앓고 있다고 한다. 해외 유튜버들도 마찬가지다. 불안증이나 우울증에 시달리며 돌연 채널을 폐쇄하거나 잠적하는 일이 다반사다. 무언가를 보여줘야 한다는 압박감, 실시간으로 올라오는 조회 수와 댓글이 신경증적인 불안함과 초조함을 불러오는 것이다.

유튜브 블루는 구독자 수가 많은 대형 유튜버에게만 일어나는 현상이 아니다. 유튜브 크리에이터들이 많아지면서 나와 같이 영세한 유튜버에게도 일어나는 보편적인 현상이 되어가고 있다. 유튜브를 시작한 지 채 6개월이 되지 않아서 내게도 그런 증상이 일어났다. 구독자가 늘어가고 조회 수가 올라갈수록 유튜브 블루도 심해져갔다. 어느새 나에게 유튜브는 창살 없는 감옥이 되어가고 있었다.

☾

그렇게 유튜브 블루라는 신종 불안증을 경험하던 중에 특별한 유튜브 영상을 보게 되었다. 게시일 1개월 만에 조회 수가 100만을 넘기고 있는 〈시간은 기다려주지 않는다〉라는 제목의 투병 영상이었다. 그녀가 운영하는 채널은 일본어 교육을 주제로 하고 있었다. 그러다 '투병 일기'라는 제목으로 영상을 올리기 시작한 건 그녀가 담도암 말기 진단을 받으면서였다.

어깨와 목이 아파 가벼운 마음으로 들른 병원에서 그녀는 담도암 말기라는 청천벽력 같은 소식을 접했다. 말기암

판정을 받은 뒤로 그녀는 암과 싸우는 자신의 모습을 영상에 담기 시작했다. 내가 처음 본 영상은 투병 일기의 마지막 회였다. 영상에서 그녀는 자신의 삶이 얼마 남지 않았음을 직감하고 있었다. 하지만 여전히 밝은 모습으로 1년 동안의 투병 일기를 지켜봐주며 자신을 응원해준 사람들에게 마지막 인사를 하고 있었다.

"늘 건강하세요. 보고 싶을 거예요. 정말 감사했습니다."

마지막 영상을 올리고 나흘 후에 그녀가 영면에 들었다는 동생의 댓글이 달렸다. 언니가 항암 치료를 받으며 말 한마디 제대로 할 수 없을 만큼 힘들고 괴로웠을 때도 영상을 찍을 때만큼은 힘이 나서 말도 하고 웃기도 했다는 감사의 댓글이었다. 나는 그녀의 영상을 처음부터 정주행하며 한 가지 사실을 알게 되었다. 나와는 달리 그녀에게 유튜브는 말기 암의 두려움으로부터 벗어나 유쾌하고 정다웠던 자신의 모습을 잠시라도 보여줄 수 있는 유일한 안식처 역할을 하고 있었다는 점이다.

투병 생활을 시작하면서 당연히 그녀는 제대로 된 사회생활을 할 수 없었을 터다. 그동안 잘 유지되었던 사회적 관계는 모두 단절되었을 테고 집과 병실만을 오가는 외로운 병마와의 싸움을 해야 했을 것이다. 어딜 가도 죽음의 두려움으로부터 벗어나기 힘들었을 그녀에게 유일하게 두려움을 잊을 수 있었던 공간이 바로 유튜브의 투병 일기였다. 나는 그녀의 투병 일기를 보면서 유튜브와 같은 '노출' 미디어 역시 훌륭한 '은둔'의 공간이 될 수 있다는 생각을 하게 되었다.

대개 영상을 통한 노출은 온전한 노출이 아닌 기획된 노출일 때가 많다. 영상은 내가 보여주고 싶고, 말하고 싶은 것들만을 보여준다. 투병 일기 영상을 봐도 그렇다. 대략 10분 안팎의 짧은 영상을 통해 그녀의 얼굴과 목소리를 알고, 지금 어떤 상태인지도 알지만, 사실 나는 그녀를 제대로 알지 못한다. 일주일에 한 편씩 올라오는 영상을 본다 한들 그녀가 살았던 일주일의 삶 중에 단지 10분만을 볼 뿐이다. 어떻게 그녀를 안다고 할 수 있겠는가.

내가 아는 부분은 그녀가 보여주고 대답해주는 아주 작은 단편일 뿐이다. 그렇게 가려져 있는데도 그녀의 진정성과 안타까움을 느끼고 한쪽이 아닌 서로가 정서적 충만함을 느낄 수 있다는 것은 대단히 특별한 경험이다.

그런 특별한 경험을 가능하게 해주는 개인 미디어의 공간을 나는 새로운 방식의 은둔형 소통이라고 말하고 싶다. 유튜브 속의 은둔은 큰 유리창을 가진 건물에 비유할 수 있다. 큰 유리로 만든 건물은 남이 나를 보는 것을 감수하면서 내가 밖을 보고 싶다는 조망에 대한 욕망을 충족시켜준다. 대신 블라인드를 내리면 언제라도 내부가 보이지 않는 개인의 공간으로 만들 수 있다.

유튜브도 그랬다. 영상이라는 거대한 유리창 안에 있는 나를 누구나 볼 수 있지만 내가 원하면 언제라도 블라인드를 내릴 수 있다. 나는 그 유리창 앞에서 내가 하고 싶던 많은 것들을 할 수 있고 사람들은 그런 내 모습을 보며 함께 즐길 수도 그냥 그 사리를 떠날 수도 있다. 나는 이런 식으로 이루어지는 선택적 공간의 개방과 선택적 소통의 방식을 유리 벽 속의 은둔이라고 부르고 싶다.

유리 벽 속의 은둔은 단절된 상태에서의 소통, 소통하면서도 단절될 수 있는 제3의 영역을 만들어준다. 모든 것이 연결되는 초연결 시대의 은둔은 더 이상 '단절'을 의미하지 않는다. 대신 내가 원하는 것을 연결하고 원하지 않는 것을 차단하는 선택적 연결을 의미한다. 나에게 맞는 선택을 하기 위해서는 무엇보다 내가 지금 무엇을 해야 하고, 할 수 있는지를 판단하는 자기 자신에 대한 안목이 있어야 한다. 그 안목이란 대단한 것이 아니다. 내가 선택할 그 무엇이 나를 괴롭히지 않고 우울하게 하지 않는다면 나는 이미 스스로에 대한 탁월한 안목을 가지고 있는 것이다.

(

그녀의 유튜브를 보다가 내가 왜 유튜브를 하고 있는지를 되돌아보았다. 그러다 문득 최초의 유튜브 영상이 떠올라 찾아보았다. 유튜브의 공동 창립자인 자베드 카림(Jawed Karim)이 처음 올린 〈나 동물원에 왔어(Me at the zoo)〉 영상이다. 이 역사적인 영상 속에서 그는 코끼리를 배경으로 하고 이렇게 말한다.

"여기는 동물원이고 제 뒤에는 코끼리 친구들이 있지요. 이 코끼리의 정말 멋진 점은 코가 길다는 점입니다."

지금은 IT 업계의 거물이 된 카림의 바보 같은 표정과 말투를 보며 잊지 말았어야 할 유튜브의 본질이 다시 생각났다. 그렇다. 유튜브는 내가 하고 싶은 이야기, 내가 보여주고 싶은 영상을 마음대로 올리는 곳이었다. 그래야 유튜브가 나를 가두는 감옥이 아니라 나를 자유롭게 하는 나의 은둔처가 될 수 있다. 나도 흔들리는 눈빛으로 코끼리 이야기를 하는 카림이 되면 그만인 것이다.

초연결 시대의 은둔이란 단절을 의미하지 않는다.

원하는 것을 연결하고 원하지 않는 것을 차단하는

선택적 연결을 의미한다.

자유로운 섬의

주인이 되게

내 채널의 구독자 중에도 유튜브 채널을 자신이 찍고 싶은 영상으로만 채워가며 개인적인 은둔의 장소로 활용하는 분이 여럿 계신다. 공인중개사인 선희 씨가 유튜브를 시작한 이유도 노래를 부르기 위해서였다. 어렸을 때부터 노래 부르는 걸 좋아하고 악기도 잘 다뤘던 선희 씨는 가수가 되는 게 꿈이었지만 학교를 졸업하고 결혼을 일찍 하면서 자신의 꿈을 시도조차 해볼 수 없었다. 가끔 노래방에 들러 한두 시간 노래를 부르는 것이 그녀의 유일한 낙이었지만 그것만으로는 성이 차지 않았다.

손님이 없을 때면 사무실에 앉아 지루한 시간을 보내야 하는 일상. 그 지루함을 피해 그녀가 찾아간 곳이 유튜브였다. 처음에는 다른 사람들이 인기 가수의 노래를 커버하는 채널을 둘러보며 함께 노래를 흥얼거리는 정도가 전부였다. 그러다 나도 저 정도는 할 수 있겠다는 생각이 들어 휴대전화를 책상 위에 두고 녹화하며 노래를 불렀다. 그렇게 녹화된 영상을 특별한 편집 없이 유튜브에 올렸다.

처음에는 비공개로 설정해두고 자신만 봤지만, 영상이 어느 정도 쌓이자 용기를 내 모든 사람에게 공개하기 시작했다. 잘하지 못한다고 비난하거나 외모나 목소리로 자신을 비하할까 봐 두려웠지만, 예상외로 그녀의 영상을 본 사람들은 노래를 들으며 즐거워했다. 관객이 생기고 관심을 받으니 잊고 있던 노래 재능이 되살아나는 것 같았다.

유튜브가 그녀의 재능을 마음껏 뽐낼 수 있는 은둔처가 된 건 이때부터였다. 그곳에서 그녀는 공인중개사의 일상과는 다른, 자신이 꿈꾸었던 노래 부르는 일상을 만들어갈 수 있었다.

☾

그녀처럼 유튜브를 은둔의 공간으로 활용하는 사람들의 공통된 특징은 그곳에서 자신만의 자유로움을 만끽하고 있다는 점이다. 물론 가끔 부정적인 댓글이 달리기도 했지만, 누구에게 평가받고 보여주려 만든 영상이 아니니 모두 차단해버리고 삭제하면 그만이었다. 굳이 비판과 비난을 받을 필요가 없었다. 구독자를 늘리고 싶지도 않았고 조회 수도 신경 쓰지 않았다. 이곳에서는 사회가 원하는 성장 따위는 필요 없었다. 내가 생각하기에 잘하고 멋있으면 그만이었다.

자신의 채널에서 그녀는 충전의 시간을 보내며 그 에너지로 하루를 즐겁게 살아갈 수 있었다. 이때 그녀가 돈을 벌거나 구독자를 늘리는 데 초점을 맞췄다면 유튜브는 그녀에게도 감옥에 갇힌 것처럼 갑갑하고 고통스러운 공간이었을 것이다. 하지만 그녀는 유튜브를 그런 용도로 활용하지 않았다. 그녀가 원한 건 보이지 않는 곳에 방치되어 있던 자신의 재능과 즐거움을 양지 바른 곳으로 꺼내는 것이었다.

(

4차 산업혁명의 시대로 접어들면서, 유튜브나 인스타그램 같은 개인 미디어는 마치 휴대전화처럼 모두가 하나쯤은 가지고 있는 디지털 공간이 되었다. 이제 우리는 넘쳐 나는 정보의 바다에서 개인 채널이라는 자신만의 섬을 가질 수 있게 되었다. 이 섬을 어떻게 운영하고 꾸려가느냐는 자신의 의지와 판단에 달려 있다. 쉴 수 있는 나만의 휴양지로 만들 수도 있고 사람들이 찾아와 돈을 쓰게 하는 관광지로 만들 수도 있다.

유튜브를 관광지로 만드는 사람 중에는 그곳에서 영화 같은 연기를 하며 자신의 실리를 챙기기 위해 전력을 다하기도 한다. 자신의 원래 모습에 한 꺼풀 더 가면을 씌우고 세상과 가식적으로 소통하는 것이다. 유튜브가 이런 관광지가 되었을 때 그곳은 은둔의 공간이 되지 못한다. 또 다른 사회적 공간, 속고 속여야 하는 약육강식이 존재하는 전쟁터가 될 뿐이다.

이렇게 새롭게 분양받은 섬에서는 다시 돌아가야 할 육지의 시선이나 기준에서 벗어나 자유로운 섬의 주인이 되었으면 좋겠다. 유리 벽 속의 은둔자들을 보면서 나 역시 그렇게 내 채널을 운영해야겠다는 생각을 한다. 잘해야겠다는 부담에서 벗어나, 나를 위해 또는 나와 인연이 된 사람들을 위해 일주일을 정리할 수 있는, 혹은 열흘이나 보름을 정리할 수 있는 영상들이 존재하는 공간이었으면 좋겠다.

그렇게 유튜브 채널에서 은둔의 역사가 곧 내 마음의 역사가 되면 좋겠다는 생각을 해본다. 누군가는 서툰 나의 모습을 비웃을 수도 있겠지만 오히려 더 많은 사람은 유리 벽 속에서 들려주는 진솔한 모습에 귀를 기울이며 아낌없는 응원과 격려를 보내줄 것이다. 내가 아무리 신경 써서 하는 일도 누군가는 조롱과 비아냥 섞인 시선을 보내고 누군가는 진심으로 응원해주기 마련이다.

너무 어려워하고 두려워할 필요 없다. 그 두려움을 한 발짝만 넘어가면 미련으로만 남아 있던 삶의 결핍이 채워지는 은둔의 즐거움을 느낄 수 있을 것이다.

새롭게 분양받은 자신만의 섬에서는
육지의 시선이나 기준에서 벗어나
자유로운 섬의 주인이 되자.

4

나쁜 감정을 내보내는
마음의 출구

마음을 향한 여행의 시작

:: 거울 명상과 생존 명상

'자세히 봐야 / 예쁘다 / 오래
보아야 / 사랑스럽다'

풀꽃을 보고 쓴 나태주 시인의 시구다. 지나치기 쉬운 작
은 풀꽃도 관심을 두고 바라보면 아름다울 수 있다는 문장
의 여운이 참 좋다. 그러고 보면 자세히 봐야 예쁜 건 풀꽃
만이 아닌 것 같다. 발에 차이는 돌멩이나 이름을 알 수 없는
나무들, 아무리 흔해 보이는 것일지라도 자세히 바라보면
보이지 않던 그들만의 매력을 찾게 된다.

그렇다면 사람은 어떨까? 낯설고 평범한 누구든 자세히
보면 예쁘고 사랑스러워 보일 수 있을까? 심리학자들은 단
2분이면 그렇게 될 수 있다고 말한다. 미국의 심리학자 조앤
켈러먼(Joan Kellerman) 연구팀은 남녀 48명을 모아 한쪽은 아
무런 지시도 내리지 않고 한쪽은 2분간 서로의 눈을 바라보
게 하는 낭만적인 실험을 진행했다. 결과는 서로 눈을 마주
본 사람들 사이에 호감도가 눈에 띄게 상승했다. 모르는 사
이가 아니라 잘 아는 사이에서도 결과는 비슷했다.

나쁜 감정을 내보내는
마음의 출구

최근 한 유튜브 채널에서도 사랑하는 사람과 4분 동안 눈을 바라보게 하는 비슷한 실험을 진행했다. 처음에는 어색해하며 웃던 연인들은 시간이 지날수록 진지해졌고 2분 30초가 넘어가면서 웃음기 없이 눈물을 흘리기 시작했다. 30년을 동고동락한 부부는 고맙다는 말을 하며 울었고, 결혼을 앞둔 연인은 행복하게 잘 살자는 말을 나누며 눈물지었다. 누가 시키지 않아도 자리에서 일어나 서로를 안아주며 등을 토닥여주었다. 멋진 말이나 드라마틱한 행동 없이 단지 눈을 마주 보았을 뿐인데도 그들은 서로에 대한 사랑을 느끼며 신뢰를 주고받았다. 눈을 통해 서로의 마음 깊은 곳에 닿을 수 있었던 것이다.

만약 시선의 방향을 바꿔 내가 나를 바라본다면 어떻게 될까? 눈 맞춤의 놀라운 효과는 타인과의 관계에서만 발현되는 것이 아니다. 그대로 나에게도 적용된다. 방법은 간단하다.

1. 거울을 준비한다.
2. 얼굴에서 30센티미터 정도 앞에 거울을 둔다.
3. 거울 속에 비친 내 눈을 4분간 바라본다.

놀랍게도 앞서 했던 타인과의 눈 맞추기와 비슷한 반응이 일어나기 시작한다. 처음에는 눈이 아니라 얼굴을 보게 되지만 점차 눈동자에만 초점을 맞추게 되고, 그러다 어느 순간 갑자기 눈가에 눈물이 고이며 나도 모르게 미안하고 고마운 감정이 복받쳐 오른다.

사실 거울을 사이에 두고 자신의 눈을 맞추는 것은 나의 내면과 마주하기 위한 명상법 중 하나로 잘 알려져 있다. 어느 곳에 가든 명상을 시작하면 처음 주문받는 것이 '내면을 바라보라'는 말이다. 그런데 이것처럼 어려운 말이 없다. 막상 실천에 옮기려고 하면 무엇부터 해야 할지 난감해지기 쉽다. 그래서 나온 방법이 거울에 비친 내 눈을 바라보는 방법이다.

눈이 마음의 창이라는 말은 그냥 나온 게 아니다. 우리는 누군가와 사이가 틀어지면 가장 먼저 눈을 피한다. 화를 낼 때도 긴장할 때도 눈으로 감정이 드러난다. 그러니 역으로 눈을 통해 그 감정이 나오는 마음으로 들어가게 하는 것이다. 그리 오래 걸리지도 않는다. 4분이면 충분하다.

나쁜 감정을 내보내는
마음의 출구

나는 거울을 통해 나와 눈 맞춤을 하면서 내면의 마음으로 들어가는 과정에 몇 가지를 덧붙여 일상에서 활용하곤 한다. 그렇게 탄생한 명상법이 '생존 명상'이다. 생존 명상은 말 그대로 어디가 시작이고 끝인지 알 수 없는 감정의 바다에 빠졌을 때, 생존하기 위한 명상이란 뜻이다.

생존 명상은 생존 수영이란 말에서 빌려온 개념이다. 생존 수영은 수영을 못하는 사람이 물에 빠졌을 때 생존할 수 있는 수영법을 말한다. 방법은 간단하다. 몸에 힘을 빼고 물살에 몸을 맡기며 양팔을 벌려 균형을 잡으면 된다. 두려움을 가지면 몸에 힘이 들어가 허우적거리게 되고 발버둥 치다 가라앉게 된다. 두려운 마음을 버리고 몸에 힘을 뺀 상태로 편안하게 호흡하며 물살에 몸을 맡기는 것, 그러면 물 위에 몸이 뜨고 물 위를 떠다니다 구조되거나 얕은 곳까지 떠밀려 가 살아남게 된다.

생존 명상도 마찬가지다. 생존 명상은 감정의 기복에 쉽게 흔들리는 사람이 불안하고 두려운 감정의 바다에 빠졌을 때 가라앉지 않을 수 있는 명상법이다. 생존 수영이 물 위에 떠서 살아남는 방법이라면 생존 명상은 감정이 요동치는 마음의 표면이 아닌 더 깊은 마음속으로 들어가 감정에 휘둘리지 않는 방법이다. 생존 명상도 몇 가지 순서에 익숙해지기만 하면 된다.

1. 몸에 긴장을 풀고 지금의 호흡을 느낀다. 거칠면 거친 대로 느리면 느린 대로 내가 어떤 호흡을 하고 있는지 알아차리기만 하면 된다.
2. 호흡이 느껴지면 이제 나와 눈 맞춤을 시도한다. 거울이 필요하면 거울을 활용하고 거울이 필요 없다면 지그시 눈을 감고 내면을 바라본다.
3. 마음속에 떠올랐다 사라지는 생각과 감정을 장면처럼 하나씩 바라보며 느낀다.

'내면을 바라본다'라는 말이 처음에는 특히 어렵게 들릴 수 있다. 그때는 폴 고갱의 다음 말을 떠올려보기 바란다. "나는 보기 위해 눈을 감는다."

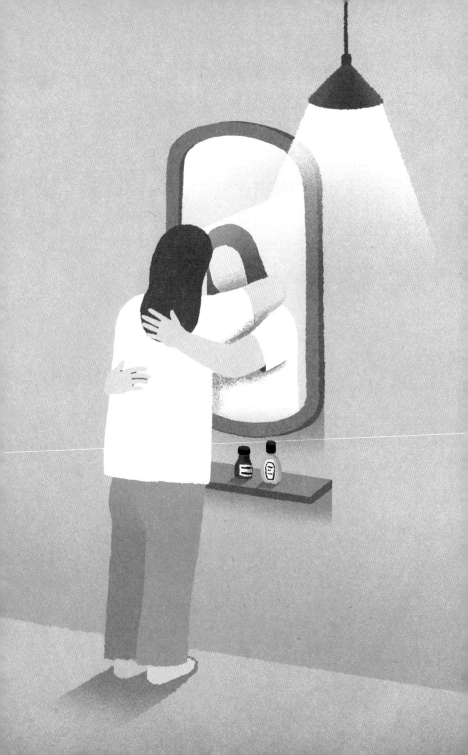

고갱의 그림 〈타히티의 풍경〉과 같은 원색의 그림은 눈을 감고 본 풍경을 그린 것이다. 그림 속 풍경은 실제 그곳의 모습이라고 하기 어려울 정도로 단순하게 그려져 있다. 그래서 우리가 그림을 통해 알 수 있는 건 사실적인 타히티의 풍경이 아니라 그 풍경을 보고 있는 고갱의 느낌이다. 고갱은 눈을 감고 자신의 마음이 느끼는 풍경을 떠올리며 작품을 그린 것이다. 눈을 감고 내면을 바라보라는 것도 마찬가지다. 내 마음속에 일어나는 생각과 감정이 어떤 것인지 고갱이 그랬듯 그대로 느끼면 된다.

예를 들어 눈을 감고 내 마음을 느끼려 했을 때 갑자기 어제 먹은 피자가 떠오른다면 그 피자를 바라보면 된다. 내일까지 올려야 할 보고서가 떠오른다면 그 보고서를 바라보고, 잊고 지냈던 친구의 얼굴이 떠오른다면 친구의 얼굴을 바라보면 된다. 그게 바로 내 마음과 눈을 마주치는 것이다. 동시에 여러 개의 꿈을 꿀 수 없듯이 수없이 떠오를 것 같은 생각도 결국에 하나씩 떠올랐다 사라져간다. 그 명멸하는 생각을 하나씩 바라보는 것. 딱 거기까지가 생존 명상을 통해 마음을 보는 방법이다.

나쁜 감정을 내보내는
마음의 출구

그렇게 이리저리 올라오는 생각과 눈을 마주치다 보면 어느 순간 생각이 잦아들고, 무언가를 보고 있지만 아무것도 보고 있지 않은 고요한 느낌과 마주한다. 바로 이때가 긴장하며 베타파를 뿜어내던 뇌파가 이완과 집중의 뇌파인 알파파와 세타파로 전환되는 시점이다. 그리고 이 순간이 감정에 휘둘리던 불안한 의식이 마음의 좀 더 깊은 곳으로 내려가 편안히 안착하는 시점이기도 하다.

☾

호흡의 리듬을 타고 내 마음속의 감정과 눈을 마주하는 일은 아주 짧은 시간 안에 나를 전혀 다른 세상으로 안내한다. 그 세상은 우리가 흔히 말하는 무의식의 영역, 마음의 세상이다. 나는 생존 명상을 통해 내 마음으로 들어가는 과정을 '마음으로의 여행'이라고 부르기도 한다. 이 여행은 파도치는 거친 해수면을 뚫고 깊은 심해로 들어가는 잠수와도 같다. 빛이 들지 않는 고요한 심해는 요란한 세상과 연결되어 있지만, 한편으로는 전혀 다른 온도와 밀도를 가진 비밀의 공간이기도 하다. 흔들리는 감정

아래 있는 심해의 마음에 다다른 순간 실제로 내 몸은 고요한 편안함을 맞이한다. 이때의 고요함은 소리가 들리지 않는 청각적 고요함이 아니다. 소리가 들려도, 주의가 산만해도 함께 휩쓸리지 않는 깊고 무거운 고요함이다.

긴장을 누그러뜨리고 마음을 편안하게 하는 생존 명상이 다른 명상법과 가장 큰 차이는 긴장하고 있는 나에게 무엇을 하라고 요구하지 않는다는 점이다. 긴장하는 순간 스스로 되뇌는 '긴장하지 말라, 잘못해도 괜찮다, 닥친 일을 우습게 생각하라' 같은 말들은 모두 나를 나무라거나 무엇이든 해보라는 독촉이다. 그런 다그침은 긴장하는 나를 더욱 불안하고 흔들리게 하는 원인이 된다.

생존 명상은 긴장하는 나에게 아무것도 요구하지 않는다. 대신 긴장된 호흡을 그대로 느끼면서 내면에서 흔들리며 떠오르는 생각과 눈을 마주칠 뿐이다. 그렇게 눈을 마주치다 보면 긴장감이 내 몸을 어떻게 만들고 있는지 자세히 볼 수 있게 된다.

내면을 바라보며 마음과 눈을 마주치면 마음은 내 간절한 요구를 들어줄 때가 많다. 구름같이 떠다니는 생각보다 자신을 보며 말을 걸고 있는 나의 시선을 더 믿는 것이다. 이런 의식의 흐름은 손에 땀을 쥐고 살아가는 현실의 나에게 '몸은 여전히 긴장되지만, 마음은 고요한' 두 개의 감정을 느끼게 한다. 그리고 그런 느낌은 마치 추운 겨울에 입는 따뜻한 외투처럼 추위를 견딜 수 있는 따뜻함을 느끼게 해준다. 일상에서 긴장된 순간에 놓일 때, 심해처럼 고요한 잠시의 명상을 통해 감정에 휩쓸리지 않고 가라앉지 말기를 바란다.

마음으로의 여행은 파도치는 거친 해수면을 뚫고
깊은 심해로 들어가는 잠수와도 같다. 빛이 들지 않는
심해에 다다른 순간 고요한 편안함을 맞이한다.

혼자 있지만

외롭지 않은 시간

사람들과 대화를 하다 보면 극도의 허무함과 무기력에 빠진 사람들을 가끔씩 만나게 된다. 좋은 직장에 다니지만 어떤 행복도 느끼지 못한다거나 가족과 단란한 가정을 이루고 살지만 왜 살아야 하는지 모르겠다는 사람들. 그들과 이야기를 나누다 보면 훌륭한 배경과 경제력을 지니고 있음에도 한 가지 결여된 부분이 공통으로 보인다. '마음 출구가 없다'는 점이다.

'마음 출구'란 마음에 쌓인 감정의 찌꺼기를 마음 밖으로 내보내는 마음의 문을 말한다. 음식을 먹으면 몸속에서 흡수와 배출이라는 자연스러운 대사가 일어나듯이 마음에서도 비슷한 과정을 거쳐 감정을 처리한다. 감정이 들어오면 긍정적인 감정은 받아들여 충만함과 행복함을 느끼게 하고 부정적인 감정은 내보내 앙금이 남지 않게 한다.

그런데 마음은 몸보다 훨씬 더 예민한 구석이 있다. 원하지 않게 감정의 상처를 경험하거나 지속해서 부정적인 감정의 압박을 받으면 금세 대사 작용을 멈추고 상처받은 감

나쁜 감정을 내보내는
마음의 출구

정들을 마음속에 쌓아놓는다. 그리고 그렇게 남겨진 감정의 찌꺼기는 결국 마음을 병들게 한다. 내가 혹시 괜찮은 일상 속에서 기쁨에는 둔감하고 우울에는 민감하게 되었다면 마음이 잠시 대사를 멈춘 것으로 생각해도 좋다. 그럴 때는 쌓여 있는 부정의 감정들을 내보낼 수 있는 마음 출구를 찾아 적체된 감정을 내보내야 한다.

☾

우리는 각자 자신만의 마음 출구가 있다. 울적하고 힘든 마음이 들 때 운동을 하면서 마음을 다독이는 사람이 있고, 영화를 보거나 책을 읽으면서 마음이 좋아지는 사람도 있다. 이렇게 마음을 푸는 방식이 모두 다른 것은 마음의 출구가 서로 다르기 때문이다.

예를 들어 마음 출구가 손인 사람은 손을 움직여야 감정이 해소된다. 글을 쓰거나 바느질을 하고 그림을 그리면 울적한 기분이 해소된다. 출구가 입인 사람은 소리를 내야 한다. 친한 친구를 만나 수다를 떨거나 노래방에서 노래를 부르며 기분을 풀고 마음을 치유해야 한다. 출구가 몸인 사람은 몸을 움직여야 한다. 운동하거나 여행을 떠나고 청소를 하면 울적한 마음이 괜찮아진다. 내가 어떤 마음 출구를 가졌는지 잘 아는 사람일수록 감정을 잘 배출해 건강한 마음을 유지할 수 있다.

그런데 의외로 많은 사람이 자신의 마음 출구를 제대로 알지 못한다. 출구가 손인 사람이 노래를 부르며 스트레스를 풀고, 출구가 몸인 사람이 친구와 수다를 떨며 시간을 보내기도 한다. 그러니 잠시 기분 전환은 되어도 무거운 마음이 해소되지는 않는 것이다.

어떤 일을 했을 때 가장 마음이 편안해지고 내가 치유될 수 있는지를 알려면 다양한 경험을 해봐야 한다. 그리고 그 경험 속에서 자신의 마음 출구를 찾아야 한다. 그렇게 찾아낸 마음 출구는 혼자 있는 시간을 즐겁게 만들어주는 친한 친구가 되어준다.

☾

나의 마음 출구는 차(茶)다. 차라는 마음 출구를 찾은 건 스물아홉 살이 되던 해 봄이었다.

나쁜 감정을 내보내는
마음의 출구

인생을 살다 보면 이름 없이 사는 것 같은 느낌을 받는 시기가 있다. 누구보다 치열하게 살고 있지만 어떤 사회적 명칭이나 드러나는 결과 없이 오직 내 의지와 노력, 희망만을 품고 살아야 하는 시기. 이때의 특징은 무엇이라고 콕 집어서 정확히 나를 표현할 만한 명칭이 없다는 점이다. 기껏해야 취업준비생, 예비창업자, 공부하는 학생처럼 무언가 석연치 않은 호칭이 나를 부르는 또 다른 이름이 된다.

나에게는 스물아홉 살이 그런 시기였다. 학교를 졸업한 후여서 학생은 아니었다. 취업도 하지 않았고 어딘가에 특별히 적을 둔 것도 아니었다. 오히려 편안히 살고 있던 집을 나와 처음으로 독립하며 친구들과 연락도 끊은 채 자발적 고립을 이어가고 있었다. 고립을 선택했던 건 내 삶의 방향을 찾기 위해서였다. 사공이 많으면 배가 산으로 간다는 말처럼 내 인생의 후회 없는 선택을 스스로 내리기 위해 경제적으로도 물리적으로도 완벽히 혼자가 되어보고 싶었다. 그런 고립이 당연히 처음에는 적응되지 않았다. 무엇을 해야 할지 손에 잡히지 않았고 고립이 주는 막막함만 커지고 있었다.

그렇게 이어지던 막막한 고립의 시간이 즐거운 은둔의 시간으로 바뀐 건 야생 죽로차(竹露茶)를 알게 되면서다. 이전부터 조금씩 차를 마시며 차에 관한 공부를 해오고는 있었지만 대단한 열의가 있었던 건 아니었다. 주면 마시고 없으면 마시지 않는 정도였다. 그러다 운명처럼 깊이 차에 빠지게 된 결정적 계기가 차 선생님이 우려준 특별한 죽로차를 마시고 나서였다.

죽로차는 대나무 숲에서 대나무 이슬을 먹고 자라는 차를 말한다. 어떻게 그곳에 뿌리를 내렸는지 쭉쭉 뻗은 대나무 사이에 뿌리를 내리고 자라다 보니 상대적으로 키가 작은 차나무는 햇볕을 거의 받지 못한 채 자라게 된다. 거기에다 군집을 이루고 있는 대나무의 뿌리들이 토양의 수분을 모두 가져가버리니 수분을 충분히 흡수하지도 못한다. 적은 일조량과 부족한 수분이라는 최악의 생장 조건에서 차나무가 자라야 하는 것이다.

이렇게 말도 안 되는 환경에서 자란 차가 무슨 맛이 있고 향이 있겠냐며 아무 기대 없이 마셨던 첫 잔에서 나는 깜짝 놀라고 말았다. 그 맛과 향이 너무 깊고 맑았기 때문이다. 처음 한 모금 입에 머금었을 때 홍어의 삭힌 맛 같은 짜릿한

나쁜 감정을 내보내는
마음의 출구

맛이 미세하게 돌다가 그 맛이 점차 부드러운 단맛으로 변해갔다. 그러면서도 녹차의 푸릇한 맛과 향을 잃지 않고 맑은 맛을 지니고 있었다.

더 놀랐던 점은 열 번 이상 뜨거운 물에 우려도 찻잎의 생생함이나 맛이 크게 변하지 않았다는 것이었다. 후에 알게 된 일이지만 죽로차는 이런 독특한 맛과 향, 생명력 때문에 녹차 중에서도 가장 좋은 상품으로 다뤄진다고 한다. 자신이 견뎌낸 고단하고 척박한 환경이 오히려 자신만의 맛과 향을 간직한 귀한 차를 만들어준 것이다.

죽로차를 마시면서 이 차가 내 고단한 과거와 현재를 보여준다는 생각이 들었다. 그렇다면 이제부터는 미래의 모습을 닮으면 되지 않을까. 나도 척박하고 어려운 환경을 잘 이겨나간다면 죽로차처럼 나만의 향과 색을 가진 무엇이라도 되지 않겠냐는 희망을 품을 수 있었다.

☾

그 뒤로 나는 차의 세계에 본격적으로 입문했다. 그러면서 차라는 게 얼마나 번거로운 취미인지도 알게 되었다. 무엇보다 차의 예민함은 이루 말할 수가 없었다. 똑같은 물과 똑같은 재료, 똑같은 방식으로 차를 타도 어떤 사람이 어떤 기분으로 차를 우리느냐에 따라 맛이 달라진다. 슬플 때 차를 타면 차 맛도 쓴맛이 돌며 무겁게 가라앉고, 기쁠 때 차를 타면 경쾌해지고 시원한 맛이 난다.

그렇게 예민하기에 다루고 보관하기가 조심스럽다. 차를 보관하는 곳에서 담배를 피우거나 혹은 강한 향을 풍기면 차는 그 잡내를 여지없이 자신의 몸에 담아버린다. 그리고 그 냄새를 차를 마시는 사람에게 고스란히 돌려준다. 향수를 뿌린 사람에게는 향수 냄새가 나는 차를 마시게 하고, 담배를 피운 사람에게는 담배 향이 나는 차를 마시게 한다.

차뿐만이 아니다. 찻주전자나 찻그릇 같은 다구도 민감하기는 마찬가지다. 내가 만약 나도 모르게 다구를 거칠게 다뤘다면 얼마 지나지 않아 그 결과가 다구에 나타난다. 분명 나는 조심히 다룬 것 같은데 다구 어딘가 금이 가거나 깨져 있는 것이다. 반대로 다구를 소중히 다루고 있다면 시간이 지날수록 반질반질한 윤이 나며 빛나고 아름다운 모습을 보여준다. 아무 말 하지 않아도 내가 어떻게 자신을 다루고 있는지를 온몸으로 드러내는 것이다.

그러다 문득 생각했다. 내가 나도 모르게 다구들을 함부로 다룬 것처럼 혹시 나도 모르게 내 주위 사람들을 함부로 다루지는 않았을까? 차 맛에 다른 향이 뱄다면 혹시 내가 흘린 어둡고 습한 기운에 누군가의 기분이 물들지는 않았을까? 다시 되돌아보게 되는 것이다.

그런데 이상했다. 이렇게 까다롭고 다루기 힘들지만, 차를 마시고 있으면 마음이 평화로워지고 행복한 느낌이 들었다. 다구를 소독하기 위해 물에 넣고 끓이면 눈으로 귀로 그 모양과 소리를 보며 즐거웠고 차가 잘 보관되고 있는지 차통의 먼지를 닦고 주위를 정리하면 시간 가는 줄 몰랐다. 차를 마시기 위해 물을 끓이고 차가 우러나길 기다리고 잘 닦여진 잔에 따르며 조용히 마시는 그 순간도 그렇게 고요하고 충만할 수 없었다.

이렇게 예민한 차가 어떻게 나를 위로하는 마음의 출구가 되었을지를 생각하니, 내가 차와 닮았기 때문이라는 생각이 들었다. 차처럼 민감하고 쉽게 다치면서도 자신을 알아봐주는 사람에게는 원래의 맛과 향을 보여주는 차는 바로 나의 모습이기도 했다. 그래서 익숙했구나. 그래서 이렇게 번거로운 취미가 반가웠구나 생각하니 차 마시는 시간이 더욱 애틋해졌다.

☾

혼자 있는 시간이 즐거워지면 그 즐거움을 함께 나누고 싶다는 마음의 여유가 생긴다. 그렇게 혼자라는 고립은 즐거운 은둔이 된다. 차는 내가 보낸 1년간의 은둔 생활을 즐겁게 해준 좋은 친구였다. 그 친구가 있었기에 나는 그 시간을 충만하게 보낼 수 있었다.

지금도 우울한 감정이 마음에서 나가지 않으면 다구를 꺼내 차를 마신다. 그때의 은둔처는 지금 거실 한쪽의 다실이 되었다. 그곳에서 나를 위해 좋은 차를 꺼내고 좋은 물을 끓이고 정성을 다해 우린 차를 나에게 대접한다. 그러다 보면 우울했던 감정이 찻물에 희석되어 점점 옅어지는 게 느껴진다.

요즘 나는 이제 막 사춘기에 접어든 아이에게도 차를 가르치고 있다. 차를 통해 은둔의 즐거움을 가르치는 셈이다. 그 시간은 홀로 차를 마시는 시간이 내 삶을 얼마나 촉촉하게 적셔줄 수 있는지에 대해, 차를 나에게 정성 들여 대접한다는 것이 얼마나 나를 존중해주는 일인지를 알려주는 소중한 시간이 되고 있다.

모든 사람이 꼭 나처럼 차를 마실 필요는 없다. 누군가에게는 마음의 출구가 커피일 수도 있고, 요리일 수도 있고, 와인일 수도 있다. 그게 무엇이든 내가 나에게 정성스럽게 준비한 마실 것과 먹을 것을 준다는 건, 내가 나를 잘 돌보고 있다는 믿음이 들게 만든다. 그렇게 사랑하는 사람에게 내어주는 정성 들인 음식처럼, 내가 나에게 달여주는 차 한 잔은 내가 나에게 주는 최고의 사랑이기도 하다.

고독이라는 사막을

건너는 일

사람이 태어나서 가장 먼저 겪는 마음의 병은 '분리 불안증'이다. 분리 불안증은 보호자의 품 안에 있던 어린아이가 보호자로부터 독립해가는 과정 중에 겪어야 하는 불안한 감정 상태를 말한다. 주로 생후 8개월부터 3세 사이 어린아이가 겪는데 이때를 잘 넘기지 못하면 성인이 된 후에도 관계에서 불안 증세를 겪게 된다.

분리 불안의 시기가 오면 아이는 보호자가 화장실에 있어도, 부엌에서 요리하거나 청소를 해도 그림자처럼 들러붙어 곁을 떠나지 않는다. 만약 보호자가 귀찮아 억지로 떼어놓으면 아이는 생존의 위협을 느낄 정도로 두려운 감정에 빠진다.

시카고대학의 심리학과 존 카시오포(John Cacioppo) 교수는 이런 불안의 원인을 인류의 수렵 시절로 거슬러 올라가 무리에서 홀로 떨어지는 순간 인류가 느껴야 했던 생존의 절박함에서 찾는다. 함께 있을 때 더 안전하다는 유전자에 새겨진 기억이 의지할 대상을 잃었을 때 빨리 이 위기에서 벗어나라고 불안이라는 경고를 보내는 것이다.

나쁜 감정을 내보내는
마음의 출구

어린 시절 나도 분리 불안을
적나라하게 느껴본 기억이 있다. 엄마와 함께 간 동네 시장
에서였다. 날이 좋았던 그날, 여느 날처럼 시장은 물건을 사
고팔고 흥정하는 사람들로 붐볐다. 시선이 닿는 곳마다 신
기한 물건이 가득 진열되어 있었고 엄마도 사람들 사이를
비집고 들어가 물건을 고르느라 정신이 없었다. 시장 풍경
에 홀려 엄마의 손을 놓고 한 발짝쯤이나 내디뎠을 것 같은
찰나였다. 다시 손을 잡으려고 엄마를 찾았지만 있어야 할
자리에 엄마는 없었다.

　나는 이게 어떤 상황인지 판단이 서질 않아 계속 주위를
둘러보기만 했던 것 같다. 그렇게 짧은 탐색의 시간이 지나
고 나는 비로소 '엄마를 잃어버렸구나!'라는 현실적 자각을
할 수 있었다. 엄마를 잃어버렸다는 것을 안 순간, 내 몸과
마음은 차갑게 얼어붙었다. 겁에 질린 나는 어떤 말도 하지
못한 채 발을 동동 굴렀다. 엄마를 찾아 자리를 옮겨야 하는
지, 아니면 엄마가 나를 찾으러 올 때까지 기다려야 하는지,
아니면 다른 누군가에게 도움을 청해야 하는지, 다섯 살 아

이가 판단하기에는 어려운 일이었다.

한참을 망설이던 나는 엄마를 찾아 눈물을 흘리며 시장을 돌아다녔다. 아직도 그때 지나쳤던 상점 모습과 나를 바라보던 사람들의 눈빛이 선명히 기억난다. 그렇게 얼마나 지났을까, 두려움으로 눈물이 말라갈 때쯤 주위의 소음을 뚫고 엄마 목소리가 어렴풋이 들려왔다. 엄마는 내 이름을 부르고 있었다. 나는 목소리가 사라지기 전에 그곳을 향해 뛰었고 다행히 엄마의 품에 무사히 도착할 수 있었다.

그날 이후 나는 극심한 분리 불안증에 시달려야 했다. 잘 다니던 화장실도 혼자 가지 못했고, 유치원에서도 혼자 남겨지면 건물이 떠나가듯 울어댔다. 집에 있을 때는 종일 엄마의 그림자가 되어 잠시도 떨어지지 않았다. 고맙게도 그런 나를 엄마는 귀찮아하지 않았다. 울면 눈물을 닦아주었고 신경질을 내면 꼭 안아주었다. 토라져 있으면 머리를 쓰다듬어주며 나를 달래주었다. 그리고 나를 안심시켰다. 다시는 엄마와 헤어지는 일 따위 일어나지 않을 거라고.

엄마의 사랑 덕분에 심했던 분리 불안 증세는 조금씩 좋아졌고 유치원을 졸업하기 전에 이전 상태로 돌아갈 수 있

나쁜 감정을 내보내는
마음의 출구

었다. 불안증이 점차 옅어지면서 나에게도 변화가 생겼다. 밖에 나가면 다시는 한눈을 팔지 않았고, 혹시 그런 일이 일어날 때를 대비해 비상금과 주소와 전화번호, 낯선 사람이 말을 걸어올 때 해야 할 일들을 머릿속에 새겨두게 되었다. 적어도 똑같은 실수, 똑같은 두려움을 다시 반복하고 싶지 않았다. 불안을 이겨내는 과정에서 길을 잃은 상황에 대한 대처 능력을 얻게 된 것이다.

☾

아이들이 느끼는 분리 불안은 성인이 된 뒤로는 '고독 공포증'이라는 말로 대체되기도 한다. 어른이 된 우리는 이제 엄마로부터 분리되는 불안이 아니라 사회로부터 분리되어 혼자가 되는 공포를 두려워하게 된다. 1인 가구가 증가할수록 늘어나는 '고독 공포증'은 혼자 있는 것을 병적으로 두려워하는 증상을 말한다.

혼자가 된다는 건 두려운 일이다. 사람들은 혼자라는 말 속에서 외로움이라는 감정을 먼저 떠올리는 것 같다. 그런데 사실 외로움은 그렇게 특별한 감정이 아니다. 무엇을 하든, 누구를 만나든 외로움은 존재한다. 밥을 먹거나 영화를 볼 때, 쇼핑을 할 때도 내 옆에 누가 있든 없든 외로움은 찾아온다. 외로움은 나를 즐겁게 해주고 내 뜻을 맞춰주는 사람이 나타나면 금방 해소되는 감정이기도 하다. 오히려 이런 외로움이 있기에 우리는 상대를 더 소중히 생각하고 원만한 사회적 관계를 유지하려고 노력하게 된다.

그러다 외로움이 옅어지면 다시 나를 귀찮게 하는 것들이 없는 혼자만의 세상으로 돌아가고 싶어진다. 멀어지면 함께 있고 싶고, 함께 있으면 불편함을 느끼는 관계의 기준점에 외로움은 중심을 잡고 있다. 하지만 두려움은 다르다. 두려움은 이런 사회적 관계에서 이루어지는 외로움의 균형 감각을 뛰어넘는 지점에 존재한다.

엄마와 분리되어 혼자가 되었을 때 내가 외로움이 아닌 두려움을 느꼈던 건 혼자가 된 순간 그 어떤 존재감도 없는 나약하고 의미 없는 존재가 되었기 때문이다. 누구도 나를 알아보지 못했고 엄마처럼 따뜻한 눈으로 바라봐주지도 않았다. 그건 내가 사라지는 것과 같은 일이었다. 혼자 있을 때 느끼는 두려움은 내 존재가 점점 사라져가는 소멸의 두려움과도 같다. 나는 이런 두려움이 외로움보다 더 깊은 곳에 있는 고독의 본질이라고 생각한다.

❨

고독의 두려움은 고독 공포증을 뜻하는 어원인 'Eremophobia'에서도 잘 드러난다. eremo는 사막을 뜻하는 ermia에서 파생된 말이다. 사막이 어떤 곳인가. 홀로 그곳에 떨어지는 순간 뜨거운 태양에 말라 죽거나 이정표 없는 모래 바다에서 생을 마감해야 하는 죽음의 장소다. 사막을 건너야 하는 사람에게 사막의 황량함과 광대함은 공포로 다가올 수밖에 없다. 사막에서의 삶은 이런 생존의 두려움과 늘 함께하는 삶이다.

문명화된 사회에 사는 사람들이 느끼는 고독 공포증이 사막의 공포에서 파생되는 것은 지금 우리가 사는 사회가 사막처럼 황량하고 거칠기 때문일 것이다. 겉으로 보기에는 사막과 비교할 수 없을 정도로 풍족하고 안락하지만, 이곳에서 내가 의지할 수 있는 사회경제적 울타리를 잃어버렸을 때, 그 풍족함은 한낱 신기루처럼 내가 잡을 수도 소유할 수도 없는 것이 되어버린다. 그리고 그것은 사막에서 길을 잃은 것과 같은 생존의 두려움을 갖게 한다.

（

어린 시절 겪었던 나의 분리 불안은 엄마의 지극한 사랑으로 극복될 수 있었다. 그리고 불안의 극복은 내 마음을 성장시켜 길을 잃어도 두려워하지 않는 삶을 살게 해주었다. 그렇다면 분리 불안의 또 다른 버전인 고독 공포증은 무엇으로 극복할 수 있을까? 그 방법을 알기 위해서는 먼저 고독의 의미에 대해 다시 한번 살펴볼 필요가 있다.

고독이라는 말을 풀어 쓰면 '홀로(獨) 있는 외로움(孤)'이 된다. 그렇다면 고독을 해결할 키워드를 담고 있을지도 모를 상대어는 무엇일까? 가장 일반적으로 쓰는 상대어는 고독 앞에 아닐 불(不)을 붙인 '불(不)-고독(孤獨)'이다. 불-고독은 '홀로 외롭지' 않은 상태, 즉 여럿이 모여 즐겁게 있는 것을 말한다. 말 그대로 사람들을 만나 즐겁게 지내며 복작거리는 사회관계로 들어가는 것이다. 실제로 많은 사람이 고독하지 않기 위해 지인들을 만나고 모임에 나가고 조직으로 들어가 고독을 이겨낸다.

다음으로 자주 쓰는 상대어는 '불고(不孤)-독(獨)'이다. 외로움만을 부정해서 외롭지 않게 혼자 있는 상태를 말한다. 우리는 외로움과 혼자라는 말을 비슷하게 생각하지만, 꼭 그런 것만은 아니다. 적어도 나는 마음이 맞지 않는 사람들과 함께 있을 때나 쏟아지는 군중 속에 휩쓸려 있을 때 더 큰 외로움을 느낀다. 반대로 내가 좋아하는 일을 하면서 누군가의 간섭을 받지 않고 혼자 있을 때 가장 큰 충만함과 즐거움을 느낀다. 그런 의미에서 '불고(不孤)-독(獨)'을 '즐겁게 혼자 있다'라는 뜻으로 해석할 수 있다.

사라 밴 브레스낙이 쓴 《혼자 사는 즐거움》이나 교육학자인 사이토 다카시가 쓴 《혼자 있는 시간의 힘》 같은 '고독 계발서'들은 대부분 이 뜻을 따른다. 그들은 책에서 혼자서도 즐겁게 살기 위해서 우리가 무엇을 해야 하는지를 줄기차게 말해준다. 《혼자 사는 즐거움》에는 이런 구절이 나온다.

"혼자 걷는 삶을 좀 더 풍요롭게 만드는 방법이 있다. 5달러짜리 지폐 다섯 장을 외투에 넣어놓고 잊어버려라. 다음에 외투를 입을 때 당신은 잊고 있던 5달러를 우연히 발견하게 될 테고 그건 내가 심어놓은 행운이 될 것이다. 그리고 그 행운으로 나를 위해 아름다운 꽃을 사서 책상에 올려놓고 커피와 함께할 프렌치 페이스트리를 사거나 아몬드 향 샴푸를 사라. 일상과 다른 특별한 행동을 하는 것만으로도 기분은 상쾌해진다."

이런 행동이 나를 사랑해주는 것이고 혼자 사는 즐거움이라는 것이다. 물론 수많은 고독 계발서에서 언급하는 이런 방법들이 우리에게 무슨 피해를 주거나 삶을 더 고독하게 만드는 것은 아니다. 다시 사회 속으로 들어가 사람들과 즐거운 한때를 보내거나 나를 즐겁게 해줄 다양한 방법을 연구하는 것은 모두 고독을 치유하는 훌륭한 방법이 될 수 있다.

하지만 여기에는 한 가지 치명적인 단점이 있다. 그 일이 끝나면 다시 고독해진다는 점이다. 사람을 만나고 집으로 돌아오면 다시 고독은 시작되고 나를 위해 5달러를 숨겨놓고 아몬드 향이 나는 샴푸를 사는 일은 그 일이 몇 번 더 반

나쁜 감정을 내보내는
마음의 출구

복되었을 때 더 이상 효과를 발휘하지 못한다. 그러면 우리는 또 다른 사람 또 다른 행운을 찾아야 한다. 그래서 그녀의 책에는 혼자 사는 즐거움을 누릴 수 있는 무려 79개의 방법이 기술되어 있다! 방법은 많지만, 목적은 하나다. 계속해서 나를 즐겁게 만들어야 한다는 점이다.

대부분의 사람이 고독하지 않기 위해 선택하는 이런 방법들이 과연 얼마나 효과가 있을지 조사한 2017년 설문조사가 있다. 열 명 중 일곱 명이 자신은 여전히 고독하다고 대답했다. 이런 수치는 고독할 때마다 사람들을 만나 서로를 위로하고 즐거움을 찾는 해결책이 임시 처방일 뿐 궁극적인 해결 방법이 되지 못한다는 말이기도 하다. 감기약을 먹어도 계속 감기에 걸리는 것처럼 잠시 고독을 잊을 뿐 시간이 지나면 다시 고독함에 빠지는 것이다.

☾

좀 더 본질적인 질문을 던져보자. 조금이라도 지혜가 있는 사람이라면 감기에 걸리지 않기 위해 하루에 한 알씩 매일 감기약을 먹는 일은 하지 않을 것이다. 대신 감기에 걸리지 않도록 면역을 높이는 방법을 찾을 것이다. 고독에도 똑같이 적용할 수 있다. 고독을 회피하기 위한 임시 처방 대신 고독에 대한 면역을 높이기 위한 좀 더 본질적인 방안을 찾는 것이다.

어릴 적 분리 불안으로부터 우리를 구원해준 부모님의 사랑을 떠올려보자. 이때 한 가지 오해하기 쉬운 부분이 있는데, 아이의 분리 불안을 진정시킨 건 부모님이라는 존재 자체가 아니라 그들이 베풀어준 사랑이라는 점이다. 그러니 꼭 부모가 아니어도 다른 누군가가 나에게 그런 사랑을 준다면 그 사랑을 통해 분리 불안증은 치유될 수 있다.

이렇게 치유된 분리 불안은 성인이 된 후에도 우리가 제대로 된 인간관계를 맺는 데 중요한 정신적 토대가 된다. 사랑을 받았던 기억이 사랑을 줄 수 있는 실천의 힘을 만드는 것이다. 부모에게서 혹은 다른 누군가에게서 받은 헌신적 사랑은 마음의 불안을 치유해주는 훌륭한 백신이 된다.

고독을 좀 더 본질적으로 치유하기 위해서는 바로 이 부분에 집중해야 한다. 고독 공포증의 어원에는 사막에서 느끼는 죽음의 공포라는 뜻이 담겨 있다. 하지만 모든 사람에게 사막이 건널 수 없는 죽음의 장소를 의미하는 것은 아니다. 사실 인류의 역사는 앞길을 가로막는 사막의 공포를 길들이고 극복하며 성장해왔다고 해도 과언이 아니다.

대표적인 예가 사막의 유목민들이다. 사막으로 둘러싸인 아라비아반도의 유목민들은 정착해 살던 곳에 차가운 겨울이 오면 깊은 사막으로 거처를 옮겨 겨울이 지나기를 기다린다. 이들은 두려운 사막에서 살아남기 위해 가장 먼저 자신들을 구원해줄 세 가지 보물을 찾아야 했다. 그들이 찾았던 보물은 별과 낙타와 오아시스였다.

먼저 이정표 없는 막막한 사막에서 나침반 없이 방향을 찾으려면 길을 알려줄 별을 찾아야 했다. 해가 지면 지평선에 떠오르는 별자리를 찾아 서쪽과 동쪽을 구분하고 북극성을 찾아 나머지 방향을 가늠할 수 있었다. 다음은 무거운 짐을 싣고 사막을 건너기 위한 야생 낙타를 찾아 길들여야 했다. 낙타는 생각보다 순한 동물이 아니다. 화가 나면 강한 이빨로 사람을 물어뜯고 침을 뱉는다. 그런 사나움을 길들이기 위해 유목민들은 낙타에게 사람의 이름을 붙이고 친구처럼 대해주며 오랜 시간 공을 들여야 했다.

마지막으로 오아시스는 먹을 물을 구하고 휴식을 얻는 데 필요했다. 먼 거리를 이동하는 동안 부족한 물을 보충하고 잠시 쉴 수 있는 그늘이 없다면 사막을 건너는 일은 불가능했을 것이다. 그래서 그들은 사막 곳곳에 숨어 있는 오아시스를 찾아내 그들만의 지도를 만들었고 그 지도로 길을 만들어 사막을 자유롭게 이동할 수 있었다. 그들은 그렇게 사막의 길을 교역로로 만들어 거상이 되었고 문명을 전파하는 메신저 역할을 하며 자신들만의 훌륭한 유목 문화를 만들어냈다.

나는 사막 유목민의 역사를 공부할 때마다 역사에 기록되지 않은 첫 유목민들의 모습을 떠올려보곤 한다. 겨울보다 더 황량한 사막으로 들어가며 겪었을 수많은 시행착오와 예상하지 못했던 돌발 상황들, 그리고 그들이 아직 낙타를 길들이지 못하고, 별의 길을 읽지 못하고, 오아시스를 찾지 못했을 때 어떤 마음으로 사막의 공포를 이겨나갈 수 있었을지를 생각해보는 것이다.

그들이 겪었을 불안과 실패를 뒤로하고 한 가지 추측할 수 있는 건 사막에서 살아남을 수 있었던 가장 근원적인 이

나쁜 감정을 내보내는
마음의 출구

유는 역사에 기록되지 않은 유목민들의 헌신이 있었기 때문이라는 점이다. 목숨을 걸고 자신보다 훨씬 큰 낙타를 길들였을 헌신과 오아시스를 찾기 위해 무리에서 벗어나 사막을 헤매야 했을 헌신, 별이 움직이는 길을 찾기 위해 모래언덕에 앉아 생을 바쳐 별을 관찰했을 또 다른 헌신이 있었기 때문에 그들은 사막에서 살아남을 수 있었다. 만약 아무도 그런 헌신을 하지 않았다면 사막의 길은 내어지지 않았을 것이다. 그 헌신의 뿌리 위로 열매가 열릴 수 있었다.

고독의 본질은 외로움이 아니다.
고독은 내 존재가 점점 사라져가는
소멸의 두려움과도 같다.

그의 슬픔과 기쁨

가까이에

((

　우리가 건너야 할 고독의 사막
에서도 가장 필요한 것이 헌신의 마음이다. 그렇기에 고독
을 극복할 수 있는 고독의 상대어는 홀로 외롭지 않은 상태
도, 혼자지만 외롭지 않은 상태도 아닌 '헌신'이어야 한다.
헌신은 고독을 부정하기 위한 개념이 아니다. 헌신은 고독
을 피하거나 고독 속에 즐거움을 느끼는 법이 아니라 지금
겪고 있는 고독보다 더 '좋은 고독'을 얻는 법이다. 좋은 고
독이란 때론 억지로 만들어낸 가벼운 기쁨보다 훨씬 더 나
를 가치 있게 만들어준다. 더 좋은 고독을 느낄 수 있을 때
우리는 비로소 고독의 사막을 건널 수 있게 된다.

　헌신은 내가 아닌 타인을 위해 배려하고 희생하며 공감하
는 것을 말한다. 나의 슬픔과 즐거움을 넘어 그의 슬픔과 즐
거움에 공감할 수 있을 때 나의 것을 베풀고 희생할 수 있게
된다. 그러기 위해서는 마음을 열어놓아야 한다. 혼자만의
시간을 갖는다고 해서 마음마저 혼자 둘 필요는 없다. 혼자
있는 시간에도 마음은 함께하는 사람들을 위해 열려 있어야

나쁜 감정을 내보내는
마음의 출구

한다. 그래야 헌신의 마음이 자라날 수 있다.

물론 헌신의 마음을 갖는다고 고독해지지 않는 것은 아니다. 헌신에도 고독은 존재한다. 하지만 헌신의 고독은 외로움을 담담함으로, 두려움을 자연의 순리로 받아들이게 하는 좀 더 높은 차원의 고독이다. 이때의 고독함은 더 이상 나를 괴롭히는 고독함이 아니라 더 깊은 삶의 이면을 이해하게 하는 하나의 즐거움으로 자리한다. 나는 이런 헌신의 고독을 좋은 고독이라고 말한다.

좋은 고독을 얻기 위해 우리가 알아야 할 헌신의 기질이 한 가지 더 있다. 헌신은 밖으로 드러나는 순간 권력이 되고 집착이 된다는 점이다. 만약 부모님의 사랑이 보이지 않는 공기처럼 나를 감싸지 않고 '엄마가 이렇게까지 해줬는데', '아빠가 널 위해 얼마나 잘해줬는데'라는 식으로 드러난다면 그건 더 이상 헌신이 아니라 내가 다시 갚아야 할 짐이자 복종해야 할 권력이 된다.

사막에서도 마찬가지다. 만약 별의 길을 찾았던 사람이

자신의 성과에 대한 대가를 바라고 권력으로 만들었다면, 오아시스를 찾았던 사람이 그곳을 자신의 비밀스러운 아지트나 거점으로 삼고 함께 공유하지 않으려 했다면, 힘을 합치지 못한 유목민들은 반목하고 분열하며 모두가 함께 소멸했을지도 모른다. 그렇기에 헌신은 늘 보이지 않게 이루어져야 한다.

그런 의미에서 진정한 헌신은 오직 은둔의 마음에서만 일어날 수 있다. 그래서 앞서 말한 고독 공포증(ermophobia)의 eremites는 은둔자를 뜻하는 hermit의 어원이 되기도 한다. 사막이라는 하나의 어원이 공포가 되기도 하고 '종교적 현자'를 뜻하는 은둔자가 되기도 하는 것이다.

40년 동안 사막의 삶을 살았던 모세도, 40일간 사막에서 금식 기도를 했던 예수님도, 사막에서 양을 치는 목동이었던 무함마드도, 모두 한때는 사막의 두려움을 헌신의 마음으로 이겨낸 사막의 은둔자들이었다. 그들은 그곳에서 고독을 부정하거나 회피하는 것이 아니라 더 '좋은 고독'을 반려 감정으로 삼아 종교적 깨달음을 얻었다. 우리가 그런 성자의 경지에 이를 수는 없지만, 고독의 사막을 건너기 위해서는 고독을 반려 감정으로 다룰 수 있는 헌신의 은둔자가 될 수 있어야 한다.

《

헌신의 은둔을 너무 거창하게 이야기하면 사람들이 지레 겁을 먹고 나는 그냥 고독하게 살겠다고 말할지도 모르겠다. 하지만 헌신의 은둔은 그렇게 어려운 일이 아니다. 부모가 되는 순간 본능적으로 아이에게 헌신하며 나를 드러내지 않는 은자의 태도를 갖게 되듯 우리의 일상에서도 헌신은 어렵지 않게 할 수 있는 일이다.

나에게 헌신의 은둔은 미혼 한부모들을 위한 마음치유 상담 속에서 이루어진다. 처음 상담을 제안받았을 때만 해도 정신과 전문의도 아니고 심리 상담사도 아닌 내가 어떻게 미혼 엄마들을 상담할 수 있겠냐고 손사래를 치며 거절했었다. 하지만 상담을 제안한 선생님이 그 시간은 진단을 내리고 치료를 하는 시간이 아니라, 말 그대로 아픈 마음에 공감하고 따뜻한 대화를 주고받는 시간이라며 나를 설득했다.

그 말을 받아들여 첫 상담을 하던 날, 나는 별 준비 없이 가벼운 마음으로 준비된 상담실에서 상담을 진행했다. 모든 게 낯설던 그날, 다섯 살 아이를 홀로 키우는 50대 어머니의 이야기가 듣는 내내 마음이 아팠다. 삶의 이야기였기에, 어떤 특별한 대책이나 해결책도 없었다. 특별히 문제가 있었던 것도 아니었다. 그냥 사는 게 고단했고, 말할 사람이 필요했고, 따듯한 시선이 그리웠을 뿐이었다. 이야기를 나누다 보니 무슨 말을 했는지 기억나지도 않을 만큼 1시간의 상담은 금세 끝이 났다.

그다음 상담부터 나는 함께 차를 마실 수 있는 찻그릇과 제일 좋은 차를 여러 종류 준비하고 마음을 풀어주는 백단향과 함께 들을 수 있는 고요한 음악을 준비해갔다. 그리고 사무실의 양해를 구해 1시간이 아닌 이야기가 끝날 때까지 상담을 이어가겠다고 했다. 어떤 날은 이야기가 길어져 아침 10시에 시작한 상담이 저녁 5시에 끝나기도 했고, 상담을 늦게 시작한 날은 저녁 11시까지 이어지기도 했다.

이야기가 길어지면 상담을 잠시 쉬고 함께 밥을 먹고 산책을 했다. 그 시간 동안 내가 할 수 있는 일은 최대한 그녀

나쁜 감정을 내보내는
마음의 출구

를 특별한 사람이 아닌 원래의 그녀로 대해주는 일이었다. 적어도 나와 함께하는 시간만큼은 마음의 상처를 내려놓고 가장 자신감 넘치던 시절로 돌아가게 해주고 싶었다. 그리고 상담 과정이 뭔가 대단한 걸 하고 있다는 느낌이 들지 않게 평범한 일상처럼 진행되었으면 좋겠다고 생각했다.

그러기 위해서는 나 역시 그녀들에게 나의 아픔과 슬픔을 보여줘야 했다. 친구가 되지 않는 이상 진정한 소통은 불가능하기 때문이다. 그런 시도는 나에게도 마음으로 소통하는 법을 처음 알게 해준 감사한 시간이 되었다. 그렇게 그 시간은 서로에게 무거운 짐을 잠시 함께 내려놓는 낙타의 시간이, 평온한 시간을 보낼 수 있는 오아시스의 시간이, 막막한 미래를 함께 이야기하며 방향을 잡아가던 별의 시간이 되어주었다.

작게나마 실천하고 있는 헌신의 시간 속에서 나는 그들의 고독, 그들의 아픔을 함께 받아들이며 더 좋은 고독으로 만들어가려 애쓸 수 있었다. 그게 내가 할 수 있는 헌신의 은둔이었다.

철학자 니체는 하루를 기분 좋게 보내고 싶다면 아침에 눈을 뜨자마자 오늘은 어떻게 타인에게 기쁨을 줄 수 있는지를 생각해보라고 말했다. 남에게 기쁨을 줄수록 내 삶이 가장 충만한 기쁨을 느낄 수 있을 것이라고. 니체의 말은 평생을 고독 속에 살아야 했던 자신이 어떻게 그 고독과 함께 지낼 수 있었는지를 말해준다. 그래서 이 말은 니체 자신을 위한 격언처럼 들리기도 한다.

타인에게 줄 기쁨을 생각하는 마음은, 그러면서도 대가를 바라지 않는 마음은 고독 속에서 충만함을 느끼는 헌신의 은둔자로 만들어줄 것이다. 그랬을 때 고독은 나의 충실한 반려 감정이 되어 '좋은 고독'의 즐거움이라는 기쁨이 되어 줄 것이다.

나쁜 감정을 내보내는
마음의 출구

자기만의 정원을 가꾸는

은둔자들을 위하여

타샤 튜터는 《타샤의 정원》으로 우리에게 잘 알려진 미국의 동화작가다. 그녀는 50대 중반이 넘어 침엽수가 우거진 숲속에서 고풍스러운 집을 짓고 온갖 나무와 꽃들이 만발한 정원을 가꾸며 은둔의 여생을 보냈다.

타샤의 정원은 잘 다듬어진 골프장 같은 정원이 아니라 꽃과 나무 들이 원래의 모습으로 자연스럽게 커나가는 자연을 닮은 정원이었다. 타샤의 정원이 유명해진 것도 이런 자연스러움 때문이었다. 그곳에서 자라는 꽃과 나무는 자연스럽게 살고 싶은 타샤의 분신이기도 했다. 혼자서 키워야 했던 네 명의 아이들을 위해서 그녀는 비누나 양초를 만들어 팔고 동화책을 쓰고 삽화 작업을 하며 돈을 벌었다. 동시에 여러 가지 일을 하면서도 그녀는 이런 일들을 노동이라 부르지 않고 즐거움이라 불렀다.

하루의 일과가 끝나고 늦은 오후가 되면 그녀는 가장 예쁜 잔에 홍차를 따라 햇살이 비치는 테라스의 흔들의자에서 차를 마시며 정원을 감상했다. 그곳에 손자 손녀들을 초대해 작은 파티를 열고 함께 식사하는 것도 중요한 일과 중 하나였다. 그녀는 자신이 심은 꽃과 나무 들을 보며 계절의 변화를 느끼고 밤하늘에 떠 있는 별을 보며 지내는 삶에 늘 감사했다. 이런 식의 고요하고 충만한 삶이 바로 그녀가 원하는 은둔의 삶이었다. 아흔 살의 그녀는 다큐멘터리 〈타샤의 정원〉에서 이렇게 말한다.

"좋아하지 않는 곳에 살고 있다면 다른 곳으로 떠나세요. 할 수 있을 때 행복을 찾으세요. 나는 내가 살고 싶은 대로 살아왔고 매 순간을 충실하게 즐겼어요. 사람들이 충고하면, 알겠어, 알겠어, 하고 내가 하고 싶은 대로 살았어요. 생각하지 말고 그냥 하세요. 저는 지금이 가장 행복합니다."

타샤는 자신이 원하는 삶을 살기 위해 자신만의 공간을 선택했고 그곳에서 온 힘을 다해 주체적인 삶을 살았다. 남들의 평가나 사회적 성취와는 상관없이 내가 나를 평가하고 인정해주는 독립적인 삶. 그녀가 살아낸 은둔의 삶 자체가 그녀에게는 근심과 걱정을 사라지게 하는 훌륭한 마음의 출구였다.

나도 언젠가는 타샤의 정원 같은 아름다운 은둔의 공간을 가지고 싶다. 30년 넘게 서울 대도시에 살다 보니 도시를 벗어나 자연에서 살고 싶다는 생각이 간절하다. 지금 계획하고 있는 곳은 제주도다. 그곳에서 1년 정도 은둔 생활을 즐기고 싶다. 커다란 창으로는 바다가 한가득 펼쳐져 있고 주위에는 야자수와 현무암 돌담이 울퉁불퉁 길을 내는 곳. 정원에서는 감귤 나무와 무화과 나무에 달린 열매를 따 먹고 잎을 말려 차를 우려도 좋을 것 같다. 새벽에는 바다에 나가 바다 명상을 하고 오전에는 거실에서 글을 쓰고 오후에는 한라산을 바라보며 바닷바람 가득한 자연을 즐기고 싶다.

긴 시간을 낼 수 없다면 그곳이 어디든 잠시 일상을 벗어나 내가 가장 좋아하는 자연 속에서 꽃을 바라보고, 풍경을 바라보는 은둔의 시간을 가질 수 있으면 좋겠다. 내가 나를 위해 살고 있다는 생각이 들지 않을 때, 그래서 마음속에 슬픔과 허무의 앙금이 쌓여가고 있을 때 더 늦기 전에 조금은 긴 시간의 즐거운 은둔을 여러분도 경험할 수 있으면 좋겠다.

참고한 책들

- J. D. 매클라치, 《걸작의 공간: 작가의 집에 대한 인간적인 기록》, 김현경 옮김, 마음산책, 2011.
- 움베르트 에코 외, 《작가란 무엇인가 1: 소설가들의 소설가를 인터뷰하다》, 다른, 2014.
- 메이스 커리, 《리추얼》, 강주헌 옮김, 책읽는수요일, 2014.
- 무라카미 하루키, 《달리기를 말할 때 내가 하고 싶은 이야기》, 임홍빈 옮김, 문학사상, 2009.
- 미야자키 하야오, 《미야자키 하야오 출발점 1979~1996》, 황의웅 옮김, 대원씨아이, 2013.
- 사라 밴 브레스낙, 《혼자 사는 즐거움: 누구와도 함께할 수 없는 나만의 행복 찾기》, 신승미 옮김, 토네이도, 2011.
- 사이토 다카시, 《혼자 있는 시간의 힘: 기대를 현실로 바꾸는》, 장은주 옮김, 위즈덤하우스, 2015.
- 황의웅, 《미야자키 하야오는 이렇게 창작한다!》, 시공사, 2001.

은둔의 즐거움

나를 성장시키는 혼자 웅크리는 시간의 힘

초판 1쇄 발행 2021년 3월 10일
초판 6쇄 발행 2024년 1월 22일

지은이 신기율

발행인 이봉주 **단행본사업본부장** 신동해
교정교열 남은영 **디자인** urbook **일러스트** 하완
마케팅 최혜진 이인국 **홍보** 반여진 허지호 정지연 송임선
제작 정석훈 **국제업무** 김은정

브랜드 웅진지식하우스
주소 경기도 파주시 회동길 20
문의전화 031-956-7355(편집) 031-956-7089(마케팅)
홈페이지 www.wjbooks.co.kr
인스타그램 www.instagram.com/woongjin_readers
페이스북 www.facebook.com/woongjinreaders
블로그 blog.naver.com/wj_booking

발행처 ㈜웅진씽크빅
출판신고 1980년 3월 29일 제406-2007-000046호

ⓒ 신기율, 2021

ISBN 978-89-01-24945-2 03190